天府文化研究院天府文化研究和文创课题"天府文化普及的重要性研究：
基于农民工城市融入视角的分析"（批准号：TZD202401）

要素成本视角下的
中国人力资本
空间分布研究

刘文翰◎著

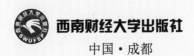
西南财经大学出版社

中国·成都

图书在版编目(CIP)数据

要素成本视角下的中国人力资本空间分布研究/
刘文翰著.--成都:西南财经大学出版社,2025.6.
ISBN 978-7-5504-6646-3

Ⅰ.F249.21

中国国家版本馆 CIP 数据核字第 2025QM4244 号

要素成本视角下的中国人力资本空间分布研究

YAOSU CHENGBEN SHIJIAO XIA DE ZHONGGUO RENLI ZIBEN KONGJIAN FENBU YANJIU

刘文翰　著

策划编辑:李　琼
责任编辑:李　琼
责任校对:杨婧颖
封面设计:墨创文化
责任印制:朱曼丽

出版发行	西南财经大学出版社(四川省成都市光华村街55号)
网　　址	http://cbs.swufe.edu.cn
电子邮件	bookcj@swufe.edu.cn
邮政编码	610074
电　　话	028-87353785
照　　排	四川胜翔数码印务设计有限公司
印　　刷	成都国图广告印务有限公司
成品尺寸	170 mm×240 mm
印　　张	12.25
字　　数	206 千字
版　　次	2025 年 6 月第 1 版
印　　次	2025 年 6 月第 1 次印刷
书　　号	ISBN 978-7-5504-6646-3
定　　价	78.00 元

前　言

　　随着我国人口老龄化加剧，提高人力资本配置效率已成为推动经济增长的现实选择。具体到空间视角，优化人力资本在不同区域和城市间的分布，是提升人力资本配置效率和推动经济增长的重要手段。构建合理的人力资本空间分布格局，关键是要实现人力资本在区域和城市层面的供求均衡。已有文献从劳动力供给端探讨了如何引导人力资本合理配置，但忽略了需求端因素在优化人力资本空间分布中的作用。基于我国现实背景和相关理论进展，本书探讨如何通过调整生产要素成本来建立以需求为导向的人力资本空间分布格局，研究结论对于促进我国经济持续增长具有重要意义。

　　中间投入品和劳动力是重要的生产要素，其成本决定了企业人力资本需求。从中间投入品的角度看，随着我国逐步深入国际贸易体系，进口中间品关税削减使得各城市的中间投入品进口成本出现不同程度下降。在劳动力方面，我国近年来施行的企业社会保险减负政策降低了各地劳动力成本。基于此，本书结合上述改变要素成本的相关政策，全面研究中间投入品进口成本和劳动力成本变动对人力资本空间分布的影响，并进一步量化由此带来的经济效应。

　　具体来说，首先，以进口中间品关税作为中间投入品进口成本的代理变量，深入探讨中间投入品进口成本空间差异对人力资本空间分布的影响与作用机制。其次，利用社会保险缴费基数作为劳动力成本的代理变量，分析城市间劳动力成本差异带来的人力资本空间分布变化。再次，将中间品关税和社会保险缴费纳入空间均衡模型，评估优化人力资本空间分布对经济增长的促进作用。最后，本书结合政策改革背景，提出有助于发挥市场需求机制、优化人力资本空间分布和促进经济持续增长的政策建议。

　　本书共分为七个章节，各章的主要内容如下：

第 1 章为导论，介绍了本书的研究背景与意义、研究思路与内容、研究方法以及主要创新点。在我国流动人口规模攀升的背景下，人力资本空间分布格局持续变化。如何基于市场机制优化人力资本空间分布、充分提高人力资本配置效率，是实现经济持续增长需要解决的重要问题。

第 2 章是概念界定和理论基础，以及对国内外相关文献的梳理。首先，概述了国内外学者对人力资本空间分布和企业生产要素的概念界定。其次，回顾了与本书密切相关的理论，为后续的理论模型构建和实证研究奠定基础。再次，从三个方面对既有文献进行梳理：一是城市人力资本度量方式及其分布特征；二是从供给和需求两个角度归纳人力资本空间分布的影响因素；三是概括人力资本空间分布对经济增长和技能溢价的影响。最后，通过总结已有文献的研究空白和不足，阐明本书的理论意义和实践价值。

第 3 章从城市层面刻画了中国人力资本空间分布特征。首先，利用人口普查数据构造城市人力资本指标，从静态和动态两个视角考察我国人力资本空间分布的特征。其次，根据投入产出表，论证中间投入品和劳动力两个生产要素的重要性。最后，以进口中间品关税和社会保险缴费基数作为代理变量，初步研究了中间投入品进口成本和劳动力成本对人力资本空间分布的影响，并分析了城市人力资本推动的本地经济增长，为后续理论模型构建和实证研究打下基础。

第 4 章将进口中间品关税作为中间投入品进口成本的代理变量，研究中间投入品进口成本的空间差异对人力资本空间分布的影响。利用中国人口普查微观数据和关税数据，基于城市间产业结构差异构造了城市进口中间品关税指标，以此衡量城市中间投入品进口成本。同时，从技术进步和人力资本供求机制角度探讨影响渠道，并对城市人力资本来源进行分解。

第 5 章以企业社会保险缴费基数为劳动力成本的代理变量，考察劳动力成本对人力资本空间分布的影响。本章构建了空间均衡模型，结合人口普查数据和中国流动人口动态监测微观数据，采用结构估计的方法得到理论模型中的各项参数。通过反事实模拟，分析劳动力成本空间差异带来的人力资本空间分布变动。

第 6 章量化了人力资本空间分布的经济效应。以中间品关税和社会保险缴费作为政策冲击，通过构建量化空间均衡模型并对模型参数进行校准，定量分析了人力资本空间分布的重要性：一是优化人力资本空间分布对经济增长的促进作用；二是降低要素成本通过优化人力资本空间分布推动的经济增长。

第7章是本书的研究结论、政策建议和研究展望。通过总结全书的研究内容和研究结论，得出可行的政策建议，并就本书的不足之处提出未来的研究计划和拓展方向。

本书的主要结论可以概括为以下四个方面：

第一，我国城市间人力资本存在差异，且集聚趋势明显。从静态特征来看，我国人力资本呈现东部沿海地区较高、中西部地区较低的基本特征。同时，大城市人力资本普遍较高。在动态演进视角下，我国城市间人力资本差距逐渐扩大。一方面，人力资本朝着历史人力资本积累丰厚地区集聚，即人力资本在空间上具有分化特征；另一方面，人力资本向东部沿海地区集聚。

第二，中间投入品进口成本下降有利于提升城市人力资本。以进口中间品关税作为中间投入品进口成本的代理变量，实证结果显示，城市进口中间品关税每下降1个百分点，城市人力资本提高0.78个百分点，能解释15.10%的人力资本空间分布变动，说明中间投入品进口成本是影响人力资本空间分布的重要因素。影响机制包括技术进步、企业人力资本需求增加和人力资本流动。此外，城市人力资本提升的来源是吸引其他城市高技能劳动力流入、减缓本地高技能劳动力流出。异质性分析表明，城市在贸易和人力资本积累上的比较优势、落户门槛以及劳动力市场灵活度均会强化中间投入品进口成本的影响。

第三，劳动力成本是影响人力资本空间分布的关键。本书利用社会保险缴费基数负担作为劳动力成本的代理变量。研究发现，社会保险缴费基数负担每提高1%，流动人口中低技能劳动力的相对成本提高0.17%。反事实模拟结果显示，企业社会保险缴费基数负担的空间差异能够解释10.53%的人力资本空间分布变动，说明劳动力成本是影响人力资本空间分布的重要因素。本书结合2019年《降低社会保险费率综合方案》，模拟了劳动力成本对城市人力资本的影响。结果显示，该政策实施后各地劳动力成本均出现下降，且东部地区下降幅度更大，减缓了人力资本向东部地区集聚的趋势。

第四，优化人力资本空间分布会促进经济增长。以中间品关税和社会保险缴费作为政策冲击，通过构建量化空间均衡模型并进行参数校准，反事实模拟量化了人力资本空间分布的经济效应。结果显示，与人力资本不能流动相比，当前经济增长的59.74%来自人力资本空间分布的优化。进一步，降低中间投入品进口成本和劳动力成本会通过优化人力资本空间分布推动经济增长。一方面，基于2020年《区域全面经济伙伴关系协定》带来的关税下降，本书发现关税削减通过优化人力资本空间分布推动了1.96%的经济增长。换言之，人力资本空间分布这一渠道能够解释关税削减带来的65.27%的经济增长。另一方面，2019年《降低社会保险费率综合方案》带来的企业社会保险缴费负担下降，可以通过优化人力资本空间分布带来0.71%的经济增长，并且人力资本空间分布是劳动力成本起作用的主要渠道。

本书的创新主要体现在如下两个方面：

1. 在研究视角上的创新

第一，本书是对人力资本空间分布影响因素相关文献的有益补充。探讨人力资本空间分布的影响因素有助于理解如何提高人力资本配置效率。已有文献主要关注供给因素和技能偏向性技术进步对人力资本空间分布的影响。部分文献研究了要素成本对企业人力资本需求的影响，但都忽略了人力资本空间分布的变动。本书利用进口中间品关税削减和社会保险缴费基数作为代理变量，系统研究了要素成本对人力资本空间分布的影响，填补了人力资本空间分布相关文献的空白。

第二，丰富了与人力资本空间分布经济效应相关的文献。在空间经济视角下，人力资本能够跨地区流动，因此需要使用一般均衡框架来评估优化人力资本空间分布对配置效率和经济增长的正向影响。已有文献使用空间均衡模型评估了劳动力空间分布和经济增长间的关系，但较少引入人力资本异质性，更鲜有文献研究要素成本通过人力资本空间分布所产生的经济效应。本书把要素成本、人力资本空间分布和经济增长置于统一的研究框架内，系统分析人力资本空间分布的经济效应，是对人力资本空间分布的重要探索。

2. 在研究方法上的贡献

第一，运用空间均衡模型估计出劳动力成本对人力资本空间分布的影响，并量化人力资本空间分布的经济效应。在研究劳动力成本对人力资本空间分布的影响时，使用传统回归形式得到的结果包含劳动力成本对人力资本供给和需求的双重影响。本书通过构建空间均衡模型，采用结构估计的方式定量识别劳动力成本对人力资本空间分布的真实影响，研究结论更加符合理论逻辑。在研究人力资本空间分布的经济效应时，使用线性回归并不能估计出优化人力资本空间分布带来的效率提升。本书使用的量化空间均衡模型可以从配置效率角度评估优化人力资本空间分布对经济增长的影响，凸显了空间均衡模型的优势。

第二，对内生性问题进行了细致处理，细致识别了因果关系。首先，基于城市间产业结构差异，利用 Bartik 工具变量思路构造城市进口中间品关税，并以此衡量中间投入品进口成本的空间差异。同时，利用协议关税作为工具变量，避免内生性问题带来的估计偏误。其次，利用劳动力流动信息构造劳动力需求和供给的 Bartik 工具变量，得到了空间均衡模型中各项参数的无偏估计。最后，结合企业社会保险缴费基数制定标准，使用非私营企业工资构造企业社会保险缴费基数的工具变量，识别了劳动力成本对人力资本空间分布的影响。

刘文翰

2024 年 12 月

目　录

1 导论

1.1 研究背景与意义

1.1.1 研究背景

中国经济正处于向高质量发展阶段转换的窗口期，传统经济增长动力发生了深刻变化。在老龄化进程加速的背景下，充分发挥人力资本的引领支撑作用是驱动经济增长的关键（蔡昉，2021；蔡昉和都阳，2011；杜鹏等，2005）。但是，已有文献主要关注加大人力资本投资对经济增长的正面影响，忽略了人力资本空间分布的重要性。在人力资本存量既定的条件下，优化人力资本空间分布会增进人力资本配置效率，进而推动经济增长（Bryan and Morten，2019；Glaeser et al.，1995；Krugman，1991）。

当前，我国流动人口规模攀升，人力资本跨地区流动现象日益凸显。人口普查数据显示，1990 年，我国流动人口规模为 0.21 亿人，占总人口的 1.88%。此后，流动人口规模迅速扩大。截至 2020 年年底，我国流动人口规模已攀升至 3.76 亿人，占总人口的比例高达 26.64%。同期，大专及以上学历人口中流动人口占比从 1990 年的 1.87% 迅速提高至 2020 年的 35.54%，意味着我国人力资本空间分布格局发生了剧烈调整。如何利用市场机制来调整人力资本空间分布并量化其经济效应，将成为推动经济发展需要考虑的重要问题。

影响人力资本空间分布的因素包括人力资本供给和需求两方面。已有文献聚焦技能回报、城市福利和流动成本等供给因素对人力资本流动的影响（Borjas et al.，1992；Moretti and Wilson，2017；夏怡然和陆铭，2015），或者讨论技能偏向性技术进步带来的人力资本空间分布变动（Diamond，

2016；Moretti，2012；Rubinton，2021），但大多忽视了需求视角下要素成本的重要性。同样，已有政策集中于破除阻碍劳动力流动的壁垒，但缺乏关注要素成本在调整人力资本空间分布中的作用。只有明确企业人力资本需求，人力资本供给才能变成有效供给。那么，如何通过调整生产要素成本来建立以需求为导向的人力资本空间分布格局，以及由此带来的人力资本空间分布格局变动会对经济增长产生什么样的影响，这是本书关注的重点内容。

中间投入品和劳动力作为核心生产要素（Caliendo and Parro，2015；Leontief，1991）[①]，其成本对企业人力资本需求具有不可忽视的影响。就中间投入品而言，随着我国逐步深入国际贸易体系，进口中间品关税从 2000年的 10.31% 削减至 2020 年的 4.18%，大幅降低了中间投入品进口成本[②]。同时，城市间产业结构差异使得上述成本变动存在空间异质性。在劳动力方面，国务院办公厅于 2019 年发布的《降低社会保险费率综合方案》大幅降低了企业社会保险缴费基数，缓解了各地区劳动力成本过高的问题（杜鹏程 等，2021）。随着中间投入品和劳动力成本的改变，人力资本空间分布有什么样的变化，关键渠道是什么？由此导致的人力资本空间分布变动是否能推动经济持续增长？回答上述问题有助于厘清要素成本对人力资本空间分布的影响，并量化人力资本空间分布变动带来的经济效应。

具体而言，在中间投入方面，本书以进口中间品关税作为代理变量，考察了中间投入品进口成本对人力资本空间分布的影响。在劳动投入方面，具有地区差异的企业社会保险缴费基数推高了劳动力成本，并且对低技能劳动力成本的影响更强。本书以社会保险缴费基数作为代理变量，研究劳动力成本对人力资本空间分布的影响。在此基础上，本书将中间投入和劳动投入同时纳入一个统一的空间均衡模型，一是评估优化人力资本空间分布对全国经济增长的促进作用，二是量化降低要素成本通过优化人力资本空间分布推动的经济增长。本书是对人力资本空间分布这一领域的重要补充和扩展，在弄清楚中间投入品进口成本和劳动力成本如何影响人力

---

① 生产要素包括中间投入品、劳动力、资本等，本书在 2.1.2 小节对生产要素的概念进行了界定。1997—2020 年中国投入产出表显示，中间投入占总投入比重约为 60%，劳动力成本占比约为 20%，二者占总投入比重最高。

② 中间投入品是我国主要进口商品，占进口总额的比例超过 70%。进口中间品关税指标是利用进口关税和投入产出表由加权平均方式计算得到的（Amiti and Konings，2007）。

资本空间分布的同时，量化人力资本空间分布的经济效应，所得结论为政府制定提高人力资本配置效率、促进经济增长方面的政策提供了理论参考和现实依据。

1.1.2 研究意义

人力资本空间分布是城市经济学的热点研究问题之一。本书立足于中国人力资本空间分布特征，从要素成本视角解释近年来人力资本空间分布集聚趋势，同时评估优化人力资本空间分布对经济增长的影响，并提出具有可行性的政策建议。因此，本书对于理解我国人力资本空间分布具有较强的理论意义和现实意义。

（1）理论意义

第一，本书从空间层面扩展了人力资本理论的研究视角。自人力资本理论提出以来，人力资本对经济增长的促进作用得到了普遍认同。学界通常从财政视角出发，将加大人力资本投入视为提升人力资本的核心手段，但对空间视角下的人力资本配置问题认识不足。优化人力资本空间分布是在人力资本存量既定的条件下增进人力资本配置效率。本书基于城市经济学的基本范式，研究人力资本在空间上的分布与配置，拓展了人力资本理论的研究范围。

第二，本书基于要素成本视角，丰富了人力资本空间分布影响因素与作用机制的相关研究。在一般均衡框架下，人力资本的供给和需求共同决定人力资本空间分布。已有文献着眼于打破劳动力流动障碍，分析公共服务、流动成本等供给因素对人力资本流动的影响，而从要素成本视角讨论企业人力资本需求因素对人力资本空间分布影响的研究较为少见。鉴于此，本书强调空间均衡视角下人力资本需求对人力资本空间分布格局的影响，以期弥补我国人力资本空间分布相关研究的不足。

第三，本书在空间均衡视角下完善和发展了人力资本空间分布与现代经济增长的理论模型。本书从城市经济学出发，将人力资本供给与企业人力资本需求同时纳入空间均衡模型，得到了与现实数据相契合的研究结果。同时，本书基于人力资本配置效率视角，量化人力资本空间分布对经济增长的贡献，还回答了降低要素成本如何通过优化人力资本空间分布促进经济增长，为人力资本空间分布和现代经济增长理论做出了贡献。

（2）现实意义

第一，本书为优化人力资本空间分布格局与实现经济持续增长提供了实证依据。党的二十大报告指出，促进人才区域合理布局和协调发展是深入实施人才强国战略的基础，人力资本空间分布在经济增长中的重要性逐步凸显。本书基于空间均衡思路，从配置效率角度回答人力资本空间分布对经济增长的影响，为优化人力资本空间分布、助推经济增长提供了现实证据。

第二，本书为推进要素市场化配置改革、健全以需求为导向的人力资本空间配置机制提供了参考。优化人才区域布局，关键在于通过要素市场化配置改革来调整人力资本空间分布。但是，现有改革方向主要是以深化户籍制度改革等方式来破除人力资本流动阻碍，对需求机制的认识不足。本书在空间均衡思路下剖析中间投入品进口成本和劳动力成本对人力资本空间分布的影响，所得结论有助于健全以需求为导向的人力资本空间配置机制。

1.2　研究思路与内容

1.2.1　研究思路

随着我国进口中间品关税削减且企业社会保险缴费基数下调，中间投入品和劳动力的成本大幅下降，这为分析要素成本与人力资本空间分布间的因果关系提供了识别条件。本书围绕城市层面的人力资本空间分布特征，以进口中间品关税和企业社会保险缴费基数作为代理变量，考察降低中间投入品进口成本和劳动力成本对人力资本空间分布的影响，以及由此推动的经济增长。

本书的研究按照如下层次逐步展开。

第一，本书对人力资本空间分布和企业生产要素相关概念进行界定，通过总结劳动力流动相关理论、人力资本集聚相关理论和比较优势理论，为后续研究奠定基础。进一步，综述与人力资本空间分布相关的文献，主要包括城市人力资本测量、人力资本空间分布的特征、影响因素和经济效应四个部分。通过梳理现有文献，本书对人力资本空间分布的理论基础、研究前沿、分析工具和不足之处有了一定认识。结合研究目的，明确了本书的研究意义和研究方法。

第二，对我国人力资本空间分布的特征事实进行分析。第3章利用人口普查微观数据描述我国城市人力资本。通过人力资本在地理上的分布规律与变化趋势，明晰我国人力资本空间分布的静态特征和动态演进过程。在此基础上，讨论中间投入和劳动投入在企业生产中的重要性，提出并初步验证了本书的三个研究主题：①以进口中间品关税削减作为代理变量，考察中间投入品进口成本对人力资本空间分布的影响；②借助企业社会保险缴费基数，研究劳动力成本对人力资本空间分布的影响；③评估优化人力资本空间分布的经济效应。

第三，本书第4章至第6章对研究主题进行了详细讨论。第4章和第5章分别回答了下面两个问题：中间投入品进口成本和劳动力成本是否会影响人力资本空间分布？其影响机制如何？在此基础上，第6章从人力资本空间分布的经济效应角度回答了如下问题：优化人力资本空间分布对全国经济增长的影响如何？进一步，降低要素成本通过优化人力资本空间分布能推动多少经济增长？在研究过程中，本书一是重视经济学的理论分析，从企业需求、人力资本流动等多个角度讨论作用机制；二是注重参数估计结果和反事实模拟结果的合理稳健，以保证研究结论的准确性。

第四，通过对研究问题的理论和实证分析，本书深化了对我国人力资本空间分布的认识。进一步，本书提出优化人力资本空间分布的政策建议，并且指出本书的不足之处和后续的研究方向。

图1.1归纳了本书的研究思路。

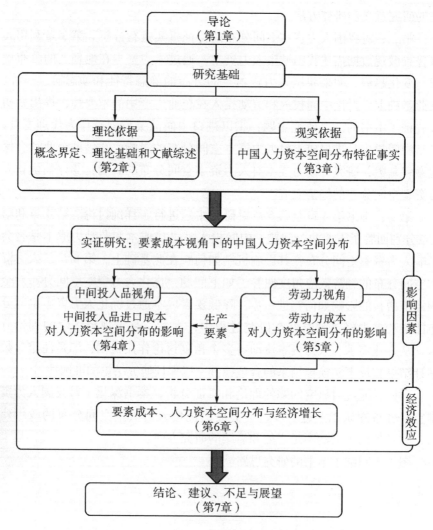

图 1.1　研究思路

1.2.2　研究内容

基于研究思路，本书的主要研究内容如下：

第 1 章是本书的导论部分。这部分首先围绕中国人力资本空间分布的重要性，概述本书的研究背景和研究意义，随后介绍研究思路、研究内容以及各章节安排。最后，阐明本书的研究方法和主要创新点。

第 2 章为概念界定、理论基础和文献综述。在概念界定部分，本书对比国内外学者的研究，一是对人力资本空间分布的概念和度量方式进行界定；二是厘清中间投入品和劳动力两个生产要素的定义，同时阐述进口中间品关税和中间投入品进口成本间的关系、企业社会保险缴费基数和劳动力成本间的关系。理论基础部分介绍了人力资本空间分布的相关理论及其与本书的联系，主要包括发展经济学中的劳动力流动理论、推拉理论、劳动力流动的人力资本理论、人力资本外部性理论、异质性劳动力区位选择理论、新经济地理理论和比较优势理论。在文献综述部分，首先介绍城市人力资本度量方式和国内外人力资本空间分布特征，发现各国人力资本均表现出空间上的集聚趋势。其次，总结要素成本对人力资本空间分布的影响，并梳理其他影响人力资本空间分布的供给端和需求端因素。再次，概括了优化人力资本空间分布对经济增长和技能溢价的影响。最后，总结既有研究的重点、空白与不足，阐明本书的理论意义和实践价值。

第 3 章从城市层面刻画了中国人力资本空间分布的特征事实。首先，本书结合 2000—2015 年人口普查微观数据以及 2000—2020 年人口普查分县资料，采用大专及以上学历的劳动力占比衡量城市人力资本，并从静态和动态两个角度给出人力资本空间分布的特征事实。与收入法测算的人力资本进行比较后，我们验证了指标的稳健性。其次，根据投入产出表，发现中间投入品和劳动投入是企业生产投入中最重要的两个要素，说明研究中间投入和劳动力的成本对人力资本空间分布的影响尤为重要。再次，以进口中间品关税和社会保险缴费基数作为代理变量，分别验证中间投入品进口成本和劳动力成本对人力资本空间分布的影响，为第 4 章和第 5 章的实证分析奠定基础。最后，研究城市人力资本与城市经济增长间的相关关系，为第 6 章量化人力资本空间分布的经济效应提供事实依据。

第 4 章是关于中间投入品进口成本对我国人力资本空间分布影响的实证分析。首先，基于城市间产业结构差异构造城市进口中间品关税指标，并以此作为中间投入品进口成本的代理变量，结合用人口普查微观数据构造的城市人力资本，实证分析了中间投入品进口成本对人力资本空间分布的影响。其次，本书论证所得结论的稳健性。一是使用期初协议关税作为工具变量来解决内生性问题；二是排除中间投入品进口成本的空间溢出效应、城市潜在劳动力需求、外国直接投资、教育决策和人口结构变动等的潜在影响。再次，使用城市全要素生产率、专利创新和企业进入信息验证了技术进步这一影响渠道。同时，结合 2004 年经济普查数据和劳动力流动信息，验证了人力资本需求和流动这两个影响渠道。然后，从城市高技能劳动力流入、高技能劳动力流出和劳动力市场结构角度，对城市人力资本来源进行分解。最后，通过考察城市在贸易上的区位优势、在人力资本积累上的比较优势、落户门槛和劳动力市场灵活度的异质性影响，分析城市比较优势和劳动力市场环境带来的交互作用。

第 5 章分析了劳动力成本对我国人力资本空间分布的影响。由于线性回归难以准确识别劳动力成本对人力资本空间分布的影响，本书以企业社会保险缴费基数负担作为劳动力成本的代理变量，构建了劳动力成本影响人力资本空间分布的空间均衡模型。首先，企业生产行为决定人力资本需求，劳动力流动决定人力资本供给，二者构成了空间均衡条件。本书将流动人口分为高技能和低技能两类，且人力资本存在个体异质性。其次，基于人口普查微观数据和 2012—2015 年中国流动人口动态监测数据（CMDS），利用 BLP 两步法[①]、广义矩估计等方法进行结构估计。为解决参数估计过程中的内生性问题，本书不仅构造了劳动力供给和需求的 Bartik 工具变量，还使用非私营单位工资构造了企业社会保险缴费基数负担的工具变量。再次，讨论流动人口计算方式、社会保险缴费基数负担设定和非收入效应对估计结果的影响，验证了估计结果的稳健性。最后，根据地区间社会保险缴费基数负担差异，计算劳动力成本对人力资本空间分布的解释力。借助 2019 年《降低社会保险费率综合方案》，模拟了劳动力成本下降对人力资本空间分布的影响。

第 6 章量化了人力资本空间分布的经济效应。首先，构建了包含异质性劳动力流动、中间品贸易和社会保险政策的量化空间均衡模型。一方面，具有人力资本异质性的劳动力根据效用最大化原则进行流动决策，决定了各城市劳动力供给；另一方面，企业生产要素包括高、低技能劳动力和中间投入。假定社会保险缴费基数具有累退性，且不同技能劳动力间的社会保险缴费基数的税收弹性不同，这是劳动力成本影响人力资本空间分布的机制。城市在贸易上的区位优势以及在产业和劳动力生产率上的比较优势，是中间投入品进口成本推动人力资本集聚的核心机制。其次，对理论模型相关参数进行校准，并使用泊松伪极大似然估计（Poisson Pseudo Maximum Likelihood）、不动点迭代等方法得到模型中的劳动力流动成本、

---

① BLP 又被称为 Random Coefficient Logit Model，相关方法参见 Berry et al.（2004）。

贸易成本等未知参数。最后，结合现行政策进行反事实模拟，从两个方面分析人力资本空间分布的经济效应：一是人力资本空间分布对经济增长的解释力；二是降低要素成本通过优化人力资本空间分布推动的经济增长。

第 7 章首先对本书的研究结论进行总结；其次围绕优化人力资本空间分布、充分发挥市场力量在人力资本配置中的决定性作用提出政策建议；最后，指出研究的不足之处，并提出未来的研究计划和拓展方向。

1.3　研究方法

本书以城市经济学、区域经济学、新经济地理学、劳动经济学、发展经济学、统计学和计量经济学等学科为基础，采用数据和理论模型相结合、多种研究方法互补的技术手段展开研究。本书通过对经典和前沿文献的梳理，基于全国各城市宏观统计数据和具有代表性的微观个人与企业数据，运用空间均衡模型和微观计量经济学等理论分析和实证方法开展研究。本书的具体研究方法如下：

一是文献分析法。以城市经济学为出发点，一是从供给和需求两个方面梳理影响人力资本空间分布的因素，二是收集与人力资本空间分布经济效应相关的文献，三是理清空间均衡模型的构建思路与设定。通过对经典和前沿文献的梳理与总结，充分掌握人力资本空间分布相关文献的演进脉络，为后续研究奠定理论和实证基础。

二是统计分析法。研究中国人力资本空间分布的影响因素与经济效应需要在当前中国社会经济发展的背景下，弄清楚人力资本在城市层面的分布情况。本书使用人口普查微观数据描绘中国城市层面的人力资本分布，结合宏观统计数据以及使用地理信息系统计算出的各项指标，从多个维度刻画中国人力资本在空间上的变动趋势，从而为后续研究提供现实依据。同时，结合关税以及手动收集的各城市社会保险缴费基数等信息，揭示要素成本对我国人力资本空间分布的影响，以及优化人力资本空间分布对经济增长的促进作用。

三是微观计量经济学分析方法。本书运用现代微观计量经济学分析方法中的最小二乘估计（OLS）、工具变量法（IV）、广义矩估计（GMM）等方法量化要素成本对人力资本空间分布的影响。本书通过构造 Bartik 工具变量等方式解决模型估计过程中可能存在的内生性问题，同时使用不同设定来验证估计结果的稳健性。

四是理论建模、结构估计和参数校准。本书从理论上分析了劳动力成本对人力资本空间分布的影响。通过构建空间均衡模型，结合宏微观数据和工具变量对理论模型的未知参数进行结构估计。此外，本书在分析人力资本空间分布的经济效应时，将异质性劳动力流动和要素成本引入量化空间均衡模型，以参数校准的方法来评估人力资本空间分布的经济效应。在分析劳动力成本对人力资本空间分布的影响以及量化人力资本空间分布的经济效应时，本书采用情景模拟的方法，基于不同改革背景和现实依据量化其政策效果，并提出相应的政策建议。

1.4 研究创新

近年来，人力资本空间分布的影响因素和经济效应引起了国内外学者的关注。本书基于要素成本视角分析了人力资本空间分布的影响因素，并评估了优化人力资本空间分布推动的经济增长，边际贡献包括研究视角和研究方法两个方面。

1.4.1 研究视角创新

第一，本书是对优化人力资本空间分布相关文献的有益补充，有助于夯实人力资本空间分布相关理论的微观基础。既有文献主要从供给和需求两个角度考察人力资本空间分布的影响因素，一支文献关注流动成本和城市福利等供给因素，另一支文献重点分析技术进步这一需求因素。也有少数文献研究要素成本对企业人力资本需求的影响，但都忽略了人力资本空间分布的变动。同时，政府部门愈发重视人力资本空间分布，强调要优化人才区域布局。本书从企业人力资本需求出发，全面细致地研究了要素成本对城市人力资本的影响，拓展了人力资本空间分布影响因素相关文献的研究视角，为政府制定人力资本配置的相关政策提供了参考。

第二，本书丰富了人力资本空间分布经济效应的相关研究。大量实证文献表明，地区人力资本提升对地区经济发展有着促进作用。但在人力资本跨地区流动的情况下，这部分文献较难量化人力资本在空间上的配置效率对经济增长的影响。也有文献利用空间均衡模型讨论优化劳动力空间分布对经济增长的影响。但是，仅有为数不多的文章引入了人力资本异质性，更鲜有文献研究要素成本通过人力资本空间分布这一渠道带来的经济效应。同时，现有研究较少关注人力资本空间分布引起的区域发展不平衡问题。为此，本书把要素成本、人力资本空间分布和经济增长置于一个统一的研究框架中，系统分析人力资本空间分布的经济效应，填补了相关文献的空白。

1.4.2　研究方法创新

第一，本书利用空间均衡模型分析人力资本空间分布的影响因素与经济效应。在讨论劳动力成本对人力资本空间分布的影响时，传统线性回归设定不仅需要解决逆向因果等导致的内生性问题，还很难对人力资本供给和需求机制进行分离。本书第 5 章通过构建空间均衡模型并进行结构估计，能够定量识别出劳动力成本对人力资本需求的影响，使得各项参数更加符合理论逻辑。在评估人力资本空间分布的经济效应时，使用线性回归仅能说明城市人力资本和城市经济增长间的关系，并不能讨论优化人力资本空间分布带来的配置效率提升。第 6 章利用量化空间均衡模型，通过反事实模拟来评估人力资本空间分布的经济效应，以及要素成本通过人力资本空间分布对经济增长的影响，凸显了空间均衡模型的优势。

第二，本书克服了实证分析中的内生性问题。在第 4 章的研究中，本书构造了类似 Bartik 工具变量的城市进口中间品关税指标，并将其作为各地区中间投入品进口成本的代理变量。同时，使用协议关税作为工具变量，有效地解决了可能存在的内生性问题。第 5 章不仅结合企业社会保险缴费基数制定标准，利用非私营企业工资信息构造了社会保险缴费基数的工具变量，还根据劳动力流动信息构造 Bartik 工具变量来处理劳动力需求和供给的内生性问题，进而得到劳动力成本对人力资本空间分布影响的无偏估计。此方法是城市经济学和劳动经济学的前沿方法。第 6 章根据理论模型推导出的函数形式，结合工具变量、不动点迭代等方法得到劳动力流动成本和贸易成本等参数的估计结果，保证了参数校准和反事实模拟结果的准确性。

2 概念界定、理论基础和文献综述

本章涵盖三个方面的内容。2.1 节对人力资本空间分布和生产要素相关概念进行界定。2.2 节梳理与本书相关的理论,为后续研究奠定理论基础。2.3 节对人力资本空间分布相关文献进行综述,并总结当前文献的研究重点与不足之处。

2.1 概念界定

2.1.1 人力资本空间分布的概念

Schultz(1959)最早提出人力资本概念,后经 Becker(1962)等补充和发展后,形成了人力资本理论。他们认为,人力资本是劳动力自身的资本,体现了劳动力的知识、技能、信息获取能力、健康等。人力资本是投资的结果,意味着形成人力资本需要付出机会成本,包括教育投资、医疗卫生投资、职业培训投资、经验积累、迁移投资等多个方面。与物质资本类似,人力资本的价值体现为未来收益,即个人层面人力资本的增加能够提高劳动生产率。

人力资本空间分布的概念源于人口空间分布。人口空间分布是在一定时间范围内,人口在地理上的分布情况,多用地区人口数量或者人口数量变化表示(Krugman,1991)。与之类似,人力资本空间分布就是在人力资本存量既定的情况下,人力资本在地理上的分布情况,可用地区人力资本水平或者人力资本变化来度量(李亚玲,2021;夏怡然 等,2020)。理论上,人力资本空间分布反映了在一定时间范围和地理空间内,人力资本存量的集聚和分散情况,是各类因素驱动人力资本在空间上向特定区域集聚的过程(李玉江,2005)。部分城市经济学文献使用空间排序(spatial sorting）来描述人力资本空间分布变动（Diamond and Gaubert，2022；Eeckhout et al.，2014）。人力资本空间分布包括静态分布和动态分布两类。静态分布是人力资本在特定时间点上的空间分布特征，动态分布反映了人力资本在一段时间范围内的空间分布变化特征。

新经济地理理论将空间要素引入经济增长理论后发现，即使人力资本存量保持不变，通过调整人力资本空间分布实现人力资本向部分城市集聚，能够在宏观层面上提高人力资本配置效率，进而推动经济增长。在空间均衡视角下，地区人力资本供给和需求均衡通过人力资本流动或集聚，决定了人力资本空间分布（Moretti，2012）。为实现供求均衡，任何城市受到的人力资本供给和需求冲击都会带来人力资本在空间上的流动，表现为人力资本集聚或分散。目前，与人力资本空间分布相关的文献主要关注城市人力资本分布，也有文献将城市人力资本增长称为技能型城市（skilled city）的崛起（Glaeser and Saiz，2003）。城市经济学和劳动经济学相关文献认为，影响人力资本空间分布的因素可分为两类：一是流动成本、城市福利等对人力资本供给的影响（Borjas et al.，1992；Bryan and Morten，2019）；二是技能偏向性技术进步等因素造成的城市间人力资本需求差异（Diamond，2016；Moretti，2012）。换言之，人力资本在城市间的供给和需求差异是推动人力资本集聚、改变人力资本空间分布的关键。

2.1.2 生产要素的概念

生产要素是指企业在生产过程中投入的各种经济资源。古典经济学认为，生产要素可分为原始生产要素和中间生产要素。其中，原始生产要素由消费者拥有，包括劳动力和资本等。中间生产要素又被称为中间投入品或中间品，是厂商利用原始生产要素生产出来又投入到生产过程中去的关键要素。基于魁奈开创的循环经济思想，列昂惕夫通过编著投入产出表构建了一套投入产出分析方法（Leontief，1991），最终形成国民经济核算体系。其核心思想是要素间存在因果联系，表现为生产过程中的某一要素由其他要素生产出来，又被后续的生产过程所使用和消耗。在投入产出表中，总投入包括中间投入和最初投入。前者是生产过程中被消耗掉的中间品，后者等价于增加值，是生产过程中投入的原始生产要素。

中间投入又被称为中间品或中间消耗。在国民经济核算体系以及投入产出表编制过程中，中间投入分为国产品和进口品。理论上，进口品源于中间投入品贸易，本质上就是以中间投入为载体的生产要素的流动，这一现象被新经济地理理论和"新"新贸易理论广泛讨论。在 Ethier（1982）和 Krugman（1991）的基础上，相关理论在企业生产过程中引入中间投入，认为地区间贸易成本降低带来的中间投入品要素成本下降是影响企业生产和经济增长的重要原因（Caliendo and Parro，2015；Tombe and Zhu，2019）。中间投入品进口成本包括进口中间品关税和运输成本两部分。随着经济全球化逐步加深以及国家内部市场一体化进程加速，地区间贸易扩张促进产业链分工细化，中间品贸易快速发展，并逐渐占据国际贸易的重要份额（Johnson and Noguera，2012；余淼杰和高恺琳，2021）。因此，进口中间品关税是影响企业中间投入品进口成本的重要因素。

对劳动力要素而言，企业雇佣劳动力所需支付的成本是劳动力成本。进一步，人力资本作为劳动力自身蕴含的资本，是现代经济增长理论中的核心生产要素（Mankiw et al.，1992）。由于劳动力间的人力资本存在异质性，企业雇佣不同技能劳动力的成本存在差异。已有文献通常使用技能溢价、技能回报等方式衡量劳动力间的成本差异，以此表示人力资本成本（Becker，1962；Schultz，1959）。在生产网络中，企业社会保险缴费是劳动力成本的重要构成（倪红福，2021）。从中国企业社会保险缴费规则来看，企业社会保险缴费基数大幅提高了企业雇佣低技能劳动力的成本，但对高技能劳动力成本的影响较小（杜鹏程 等，2021；徐舒 等，2022）。这意味着，企业社会保险缴费基数提高了低技能劳动力的相对成本。

综上所述，企业生产要素包括中间投入品、劳动力、资本等。其中，进口中间品关税是中间投入品进口成本的组成部分，企业社会保险缴费基数是劳动力成本和人力资本成本的重要构成。

2.2 理论基础

人力资本是劳动力蕴含的非物质资本，劳动力流动过程决定了人力资本的空间分布。与本书相关的理论主要有劳动力流动和人力资本集聚相关理论，以及比较优势理论。其中，劳动力流动相关理论包括发展经济学中的劳动力流动理论、推拉理论和劳动力流动的人力资本理论，人力资本集聚相关理论以人力资本外部性理论、异质性劳动力区位选择理论和新经济地理理论为主。随着上述理论发展，相关研究不仅重视劳动力个体异质性以及城市特征的影响，能够在跨城市流动过程中刻画区位选择偏好差异，还能考虑企业生产过程中的人力资本需求，这为本书提供了坚实的理论基础。

2.2.1 劳动力流动相关理论

（1）发展经济学中的劳动力流动理论

对劳动力流动成因的研究最早可追溯到威廉·配第。他认为产业结构间的利润差异是驱动劳动力流动的重要因素（Petty，1690）。后续发展经济学理论从二元劳动力市场角度，探究发展中国家的劳动力流动问题。

刘易斯首次提出二元经济发展模型（Lewis，1954），认为发展中国家可分为与世界相连的现代工业部门和自给自足的传统农业部门。新古典经济学认为，工业部门的短期生产过程是在边际收益递减的约束下实现利润最大化。该部门会将部分利润用于投资，通过持续的技术进步促进劳动生产率提高。农业部门拥有丰富的劳动力资源。由于农业部门不存在技术进步，该部门面临着人口过剩和人均收入过低的双重困境。

理论上，工业部门的劳动力边际生产率更高。这推动了劳动力从农业部门流入工业部门。在经济发展第一阶段，农业部门剩余劳动力充足，劳动力供给曲线富有弹性。工业部门将部分利润转化为资本投资，提高了部门内的资本劳动力比例。随着资本积累，工业部门不断吸纳农业部门中的剩余劳动力，形成劳动力跨部门流动。当农村剩余劳动力被工业部门完全吸纳时，劳动力供给曲线缺乏弹性，经济发展进入第二阶段。在此阶段，工业部门扩大劳动力雇佣规模必然要提高工资水平。上述劳动力从农业部门流入工业部门的过程也被称为结构转型。刘易斯的二元经济理论虽然在宏观层面解释了劳动力流动现象，但模型假设过于苛刻且并未得到验证。

拉尼斯-费景汉模型对农业部门劳动生产率进行内生化处理（Ranis and Fei，1961）。他们将经济发展过程分为农业经济、二元结构和成熟经济三个阶段。第一阶段与刘易斯模型相似，农业部门劳动力无限供给，意味着剩余劳动力流入工业部门不会影响农业生产。第二阶段存在农业部门的技术进步，此时农业部门劳动生产率提高，劳动力在部门间的流动规模减小，始终维持农业部门工资上升但低于工业部门工资的特征。第三阶段表现为隐蔽性失业消失，两部门劳动边际生产率趋同，部门间劳动力流动取决于生产率变动。与刘易斯模型相比，拉尼斯-费景汉模型考虑了工业部门和农业部门的关联性，但未放松工资刚性等假定，对发展中国家劳动力流动现象的解释力依然不足。

乔根森放松了农业劳动生产率不变、工资刚性等假设，强调内生人口增长和农产品剩余是推动劳动力跨部门流动的关键（Jorgenson，1961）。首先，农业部门不存在无限劳动力供给，即劳动边际生产率大于零。其次，工业部门存在技术进步，工资与劳动生产率正相关。农业部门的工资可变，会随着工业部门工资上升而提高。再次，全社会农产品需求有限，工业产品需求没有限制。最后，人口增长率与农产品供给正相关。当农产品供给充足时，人口增长率达到最大值。上述假设意味着，若农业产出增长率超过人口增长率，农产品供给大于需求，农业部门劳动力将流入工业部门。乔根森模型更加契合发展中国家的劳动力流动情况，但难以解释非农部门失业与劳动力长期转移并存的现象。

哈里斯-托塔罗模型引入劳动力效用函数，解释了发展中国家的城乡劳动力流动和城市失业现象（Harris and Todaro，1970；Todaro，1969）。他们将城市分为正规部门和非正规部门。其中，正规部门工资较高、工作稳定但存在进入门槛，意味着正规部门的劳动力供给大于需求。哈里斯-托塔罗模型采用两个阶段来刻画城乡劳动力流动过程。在第一阶段，正规部门的劳动力供给相对过剩，农村劳动力只能进入城市非正规部门工作。在第二阶段，农村劳动力进入正规部门工作，但部门间转换时间由正规部门就业创造率等因素决定。因此，工资和就业率构成的预期收入决定了劳动力流动选择。

（2）推拉理论

二元经济结构理论从宏观层面分析劳动力跨城乡流动，但缺乏微观视角以及跨城市角度的分析。亚当·斯密通过阐述地区收入差距以及相伴随的劳动力流动现象（Smith，1776），较早研究了劳动力跨地区流动及其影响因素。Ravenstein（1889）总结出劳动力流动的七个定律：第一，劳动力流动距离较短且更倾向于流入大城市；第二，城市优先吸引周边农村地区的劳动力，然后再吸引较远地区的劳动力；第三，劳动力流入与流出具有相反的特征；第四，某一地区劳动力流入必然伴随着其他地区劳动力流出，意味着劳动力在地区间的流动是一个零和过程；第五，进行长距离流动的劳动力更偏好流入大城市；第六，农村劳动力比城镇劳动力的流动概率更大；第七，劳动力流动倾向存在异质性，表现为女性比男性更可能流动。

在上述七个定律的基础上，Bogue（1959）提出推拉理论：劳动力流动的目标是提高生活质量或实现帕累托改进。一方面，流出地较差的生活条件会形成推力，如自然资源枯竭、收入水平过低、就业压力大等都将推动本地劳动力向其他地区流动；另一方面，流入地较好的生活条件会产生拉力，如更好的公共服务、更高的收入、更多的就业机会等会吸引其他地区劳动力流入。Lee（1966）对推拉理论进行扩展，认为流出地和流入地既有推力又有拉力。如果地区间的推力和拉力平衡，劳动力不会流动；反之，就会出现劳动力流动，并且流动规模与推力和拉力的差异相关。除了推力和拉力外，地理距离等中间障碍因素会阻碍劳动力流动。当且仅当从流动过程中获得的收益大于中间障碍因素带来的负效用，劳动力才会选择流动。

推拉理论较为全面地解释了劳动力流动成因。理论上，劳动力流动受到三种因素的综合作用：一是促进流动的有利因素；二是阻碍流动的不利因素；三是以流动成本为主的中间障碍因素。在市场经济条件下，劳动力流动过程就是市场机制对劳动力配置的影响过程。

（3）劳动力流动的人力资本理论

Schultz（1961）对传统经济学中同质性劳动力的观点进行批判，认为人力资本投资会带来劳动力异质性。人力资本投资分为五类，分别是教育支出、职业培训支出、卫生保健支出、迁移支出和非正规教育支出，涵盖劳动力的学习能力、工作能力、创造能力等各个方面。其中，劳动力流动是一种重要的人力资本投资。原因在于，流动过程必然会产生费用，劳动力支付该费用的目的是提高效用水平，那么这类费用本质上就是人力资本投资。

Sjaastad（1962）将上述观点扩展为劳动力流动的投资收益理论，提出劳动力流动是一种遵循效用最大化的投资行为，即劳动力通过流动来获取最高的人力资本回报，进而实现效用最大化。换言之，劳动力流动是在人力资本存量约束下的自选择行为，决策过程等价于人力资本配置过程。流动成本分为货币成本和非货币成本两个部分，前者包括搭乘交通工具等实际发生的货币支出，后者为心理成本和其他机会成本。类似地，流动收益包括工资上升等货币收益，以及更好的居住环境等非货币收益。在效用函数最大化下，流动带来的收益提升幅度越大或流动成本越低，流动概率越高。当且仅当流动带来的收益大于成本时，劳动力才会流动。

劳动力流动的人力资本理论解释了新古典经济学忽视的劳动力流动规模偏小这一现象。异质性劳动力在流动过程中面临的流动成本和流动收益存在差别，当仅有少部分劳动力能够从流动中获益时，地区间劳动力流动规模较小。此结论对现实特征有着更强的解释力，突破了传统理论单纯强调工资和就业等劳动力市场环境的观念。

2.2.2 人力资本集聚相关理论

（1）人力资本外部性理论

人力资本外部性是人力资本集聚的重要原因，推动了城市生产率提升和经济增长（Duranton and Puga，2004；Lucas，2001）。人力资本的外部性是指劳动力通过合作与竞争等互动方式，分享和创造新的知识并带来外部性收益。由于人力资本产权界定不明晰，他人的成本收益不会影响人力资本投资决策，这就形成了人力资本外部性。

已有理论认为，人力资本外部性的形成机制有马歇尔外部性、雅各布斯外部性和劳动力池效应（Fu，2007；孙三百，2016）。首先，Marshall（1890）认为，具有相同技术结构的行业更容易形成知识交换，由此产生的知识溢出促进了经济增长。故马歇尔外部性又被称为专业化集聚效应。其次，Jacobs（1969）认为，行业间交换互补性技术更容易产生外部性，特别是在科学技术进步的背景下，企业多元化生产和异质性人力资本集聚将带来多样化。这种集聚经济外部性被称为雅各布斯外部性。最后，劳动力池效应提出，人力资本厚度有助于提高不同人力资本间以及人力资本和物质资本间的匹配度（Combes et al.，2008）。一方面，劳动力的人力资本存在异质性，且企业的人力资本需求存在差异。在搜索—匹配过程中，劳动力在空间上的集聚有助于提升人力资本厚度，从而提高市场匹配效率。另一方面，人力资本与物质资本间的互补关系减少了劳动力市场摩擦，有利于城市生产率提升。

人力资本外部性的具体表现形式包括市场外部性和非市场外部性两类（赵勇和魏后凯，2013）。市场外部性可分为成本外部性和技术外部性，前者是人力资本通过价格传导机制影响生产和消费，后者表现为人力资本通过交互作用对劳动力效用和企业生产函数产生影响。非市场外部性是教育对其他经济活动和社会活动等的外在影响。已有文献对人力资本外部性的定义多指技术外部性，表现为不同群体通过互动来共享知识和技能，从而促进城市生产率提升。

从劳动力角度看，人力资本外部性大幅提高了劳动力收入，并且高技能劳动力获益更多（Moretti，2004b）。此外，人力资本积累丰厚地区的企业创新强度和高技能劳动力需求更高（Berry and Glaeser，2005；Glaeser and Saiz，2003）。因此，人力资本较高地区能够为高技能劳动力提供更高的工资和更多的就业机会，最终形成人力资本集聚。

（2）异质性劳动力区位选择理论

异质性劳动力区位选择理论起源于国际移民相关研究。在劳动经济学的推动下，研究视角聚焦到劳动力在国内的流动行为。随后，空间经济学和城市经济学将空间经济分析范式同劳动力区位选择相结合，形成了异质性劳动力区位选择理论。

Roy（1951）率先提出自选择（self-selection）模型，认为内生的个人偏好和技能等因素是决定劳动力收入的关键。基于此，不同地区会吸引不同技能劳动力，形成地区间收入差异，意味着地区收入内生。Borjas（1987）赞同地区间技能回报和劳动力收入存在差异，认为劳动力流动本质上是实现技能禀赋与技能回报间的匹配，并提出异质性劳动力在迁移决策上的二元自选择理论。一方面，高技能劳动力向技能回报较高的地区集聚，是一种正向选择；另一方面，低技能劳动力具有负向选择特征，即向技能回报较低的地区集聚。同时，异质性劳动力自选择过程还会产生分类效应。换言之，在技能回报和收入不平等程度更高的地区，高技能移民占比提高、低技能移民占比减少。

Roy（1951）和 Borjas（1987）提出的异质性劳动力区位选择理论注重效用最大化，强调劳动力异质性带来的自选择和分类效应，相关实证研究也主要分析技能回报和收入不平等对劳动力流动的影响。此类范式较难将集聚效应纳入研究框架，忽视了劳动力作为生产要素在经济活动中的重要性，在一般均衡框架下讨论异质性劳动力流动已成为相关研究的主要发展方向。

Rosen-Roback 模型（Roback，1982；Rosen，1979）使用一般均衡框架分析劳动力在收入、城市福利和居住成本间的取舍，形成了经典的空间均衡模型。基于此，新经济地理理论以劳动力和企业为研究对象，在城市这个基本单位上分析劳动力流动和集聚的影响因素与经济效应。这支文献重视空间维度上的选择效应、分类效应和集聚效应。选择效应有两种解释：第一种解释强调劳动力和城市的自选择（Venables，2010）。其中，劳动力自选择有助于提高劳动力匹配质量，是一种主动选择机制。城市自选择是被动选择机制，表现为高企的生活成本能够筛选出高技能劳动力。第二种解释将劳动力从低经济密度地区向高经济密度地区的流动过程定义为正向选择，反之为负向选择（Combes et al.，2012）。分类效应是指高技能劳动力倾向于流入大城市，同时大城市内的高生产率企业和高技能劳动力占比更高，技能分布呈现厚尾特征（Behrens et al.，2014）。在集聚效应方面，竞争、共享、匹配和学习机制是形成高技能劳动力集聚的主要原因（Duranton and Puga，2004）。

（3）新经济地理理论

人口和经济活动在空间上的集聚现象普遍存在，传统区域经济理论忽视了要素流动成本和产品贸易成本等空间因素的影响。在 Dixit and Stiglitz（1977）的基础上，Krugman（1991）将空间因素引入垄断竞争模型，构建了"中心—外围"理论，这标志着新经济地理学的诞生。新经济地理学假定微观主体是同质的，使得经济活动在空间上的分布仅仅是环境的产物。以 Melitz（2003）和 Eaton and Kortum（2002）推动的"新"新贸易理论为具有微观主体异质性的新经济地理模型扩宽了思路，为解释经济活动的空间分布提供了新渠道，这支文献通常被称为"新"新经济地理学（Ottaviano，2011）。

其中，Melitz（2003）假定企业生产率服从帕累托分布，在两部门模型中引入企业异质性生产率。由于企业生产过程和出口存在固定成本，生产率最低的企业退出市场，生产率较低的企业留存但仅能在国内进行生产和销售，生产率最高的企业可以克服出口成本从事出口，便可实现生产要素在行业内企业间的再配置。尽管 Melitz（2003）提供了充足的微观作用机制，但关注重点并不是地理特征，扩展到多地区时较难处理地区间价格差异和双边贸易等问题。企业生产率的帕累托分布假定不利于模型求解，在多产业、多要素设定下可能出现多重均衡。相较而言，Eaton and Kortum（2002）基于比较优势理论，假设中间品市场完全竞争，在多地区情况下引入企业异质性和双边贸易。虽然完全竞争市场假设导致部分微观影响机制缺失，但理论模型与现实数据的紧密结合增加了模型的应用范围。

"新"新经济地理学的理论模型框架大致有三类：一是 DCI 框架，该框架将 CES 效用函数和冰山运输成本纳入 Dixit and Stiglitz（1977）的垄断竞争模型；二是 OTT 框架，主要基于 Ottaviano et al.（2002）使用的准线性二次效用函数设定；三是以 Bernard et al.（2003）为基础构建的多地区非完全竞争 BEJK 框架。整体而言，"新"新经济地理学在微观主体异质性的基础上，考虑规模报酬递增、劳动力流动成本、商品运输成本、自然禀赋和动态行为，有助于理解微观主体和环境的互动。

现有空间均衡模型是在 Krugman（1991）和 Eaton and Kortum（2002）的框架下考虑劳动力在空间上的分布情况，需要根据研究问题设定契合的劳动力供给函数和企业生产函数。为了将理论模型与现实数据结合，既有文献通常采用空间均衡模型（spatial equilibrium model）作为分析工具。目前，空间均衡模型对模型参数的处理有两种方法。一种是结构估计，主要以 Diamond（2016）提出的框架为基础，包含各地区劳动力需求、劳动力供给和住房市场。具体来说，理论模型推导出的均衡条件可视为矩条件，使用广义矩估计便能得到相关参数，但这也限制了此类模型的拓展。另一种是参数校准，相关模型又被称为量化空间均衡模型（quantitative spatial equilibrium model）。量化空间均衡模型拓展性较强且相对成熟，涉及消费者偏好、生产函数、贸易成本、知识溢出效应、流动成本、自然禀赋等诸多设定（Redding and Rossi-Hansberg，2017；鞠建东和陈骁，2019）。由于模型相对复杂，通常采用参数校准而非结构估计的方式得到模型参数。相关理论还从静态模型延伸到劳动力动态和资本动态，形成了动态量化空间均衡模型（Kleinman et al.，2021；赵扶扬 等，2022）。

同质性劳动力假设只需要设定劳动力能够自由流动或者完全不流动（Krugman，1991；Krugman and Venables，1995），但这两个设定不能保证空间均衡模型推导出的人力资本空间分布契合现实数据。因此，引入劳动力不完全流动是实现空间均衡模型适配现实数据的重要手段。Redding（2016）将不可观测的地区偏好引入效用函数，并证明均衡的存在与唯一性，实现了劳动力分布与空间均衡模型紧密结合。实际上，此设定是使用引力模型来描绘劳动力流动过程。

具体来说，劳动力流动决策等价于流入地的离散选择过程。假设 o 地区劳动力的工资为 W_o，从 o 地区流入 d 地区的流动成本为 $\delta_{od}>1$。将劳动力不流动的冰山成本标准化为 1，即 $\delta_{oo}=1$。在流动过程中，从 o 地区流入

d 地区的劳动力 i 获得具有个体异质性的效用 ε_{iod}，将劳动力不流动时获得的效用 ε_{ioo} 标准化为1。当且仅当存在地区 d，使得劳动力流入后获得的效用水平大于不流动时 $(W_d/\delta_{od})\,\varepsilon_{iod} > W_o$，劳动力才会选择流动。进一步，劳动力流入地选择是根据效用函数最大化进行的。McFadden（1973）证明，若 $\ln\varepsilon$ 服从第 I 类极值分布，劳动力流入地区 d 的概率服从多元离散选择形式，这为连接理论模型与参数估计提供了数理基础。

2.2.3 比较优势理论

亚当·斯密提出的绝对优势理论认为，各国间的绝对成本差异决定了产品的出口和进口方向，是形成国际贸易的主要原因（Smith，1776）。李嘉图认为，国家间生产技术的相对差别使得产品相对成本不同，这是国际贸易形成的基础，由此形成了比较成本说（Ricard，1817）。根据"两利相权取其重，两弊相权取其轻"的原则，每个国家应出口具有比较优势的产品，进口具备比较劣势的产品。在此基础上，以赫克歇尔-俄林（Heckscher-Ohlin）理论为核心形成的要素禀赋理论，明晰了比较优势产生的原因。

标准的赫克歇尔-俄林模型假设存在两个国家、两种商品和两类要素。国家间的要素禀赋存在差异，技术水平和偏好都相同。要素在国家间不能贸易，但商品能够自由贸易。那么，国家间要素禀赋差异使得同一商品的价格存在绝对差异，两种商品的国际贸易随之产生。首先，由于两种商品价格不同，每个国家都出口要素禀赋密集的商品、进口要素禀赋稀缺的商品。其次，每个国家扩大要素禀赋密集商品的生产，并减少要素禀赋稀缺商品的生产，实现了生产要素向要素禀赋密集的商品生产方转移。这意味着，具有禀赋的要素的相对需求增加，相对稀缺要素的需求下降。最终，禀赋密集的要素的价格提升，相对禀赋稀缺要素的价格下降。

比较优势是城市形成和发展的重要推力。由于地区间的要素禀赋和生产技术水平不同，各地生产相同产品的单位劳动生产率不一致。比较优势推动了地区分工，然后通过地区间贸易满足自身对商品多样性的需求。进一步，区位比较优势理论提出，城市的主导产业应当具有比较优势，且要契合自身的要素禀赋。从经济增长角度，城市主导产业具有更快的发展速度和市场扩张能力，这是促进经济增长的关键。

在理论模型中，Dixit and Stiglitz（1977）和 Krugman（1991）基于不

完全竞争框架，从规模经济角度讨论比较优势产生的原因，解释了产业内的贸易特征。由此，比较优势理论与城市经济学、区域经济学和空间经济学紧密结合，是新经济地理理论和空间均衡模型的重要假设，被广泛用于分析一国内部的地区间和产业间贸易，以及要素跨地区和行业流动。

2.2.4　与本书的联系

与本书紧密相关的理论包括劳动力流动相关理论、人力资本集聚相关理论和比较优势理论，相关理论为本书讨论人力资本空间分布提供了思路。

基于劳动力流动相关理论，本书研究了人力资本空间分布影响因素。由于人力资本是劳动力自身拥有的非物质资本，劳动力流动过程等同于人力资本流动过程。利用劳动力流动相关理论能够分析出人力资本流动方向，进而理解人力资本空间分布的影响因素。发展经济学中的劳动力流动理论和推拉理论为研究劳动力跨地区流动现象，以及城市特征对劳动力流动方向的影响打下基础。劳动力流动的人力资本理论关联了劳动力流动过程与人力资本积累，为构建劳动力流动理论模型提供了参考。

人力资本集聚相关理论是本书理论和实证研究的关键。新经济地理理论相关文献推导出，地区产业结构差异使得一国内部各地区受到的贸易开放冲击不同（Borusyak et al.，2022；Redding，2016），实证文献利用地区产业结构和行业关税，结合 Bartik 变量的思路构造了地区层面的关税指标。第 4 章利用这一结论构造城市进口中间品关税指标，并将其作为中间投入品进口成本的代理变量。理论上，劳动力成本不仅会引起需求变动，还会改变劳动力收入进而影响供给。供给和需求反过来又影响价格，改变了劳动力成本，故难以通过线性回归的方式考察劳动力成本对人力资本空间分布的影响。由人力资本外部性理论、异质性劳动力区位选择理论和新经济地理理论发展得到的空间均衡模型为第 5 章和第 6 章的理论模型构建提供思路，有助于研究劳动力成本对人力资本空间分布的影响，并量化要素成本视角下人力资本空间分布的经济效应。

比较优势理论能够解释要素成本带来的地区间人力资本需求差异，以及人力资本配置效率提升推动的经济增长。由于中间投入与低技能劳动力的替代弹性大于高技能劳动力，中间投入品进口成本下降必然会提升企业高技能劳动力相对需求。本书第 4 章讨论中间投入品进口成本对人力资本空间分布的影响，便是基于比较优势理论进行的研究。在第 5 章构建的理论模型中，我们基于地区间要素禀赋和劳动生产率差异，分析劳动力成本对人力资本空间分布的影响。同时，本书第 6 章以区位比较优势理论为基础，发现优化人力资本在地区间和行业间的配置能够推动经济增长。

2.3 文献综述

2.3.1 城市人力资本测量与分布特征

（1）城市人力资本测量

人力资本的研究起源于 Petty（1690）和 Smith（1776），他们认为劳动力通过提高受教育水平、工作熟练度等方式获得的技能水平提升，本质仍是社会总资本。在具体定义上，人力资本是劳动力自身的资本，包括技能水平、健康状况等诸多可观测和不可观测的因素（Becker，1962；Schultz，1959，1961）。由于人力资本属于复合指标，不能直接观测具体数值大小，已有文献主要采用成本法、收入法和指标法对地区层面的人力资本进行估计（Abraham and Mallatt，2022）。

成本法类似于物质资本的测算方法，将教育、健康、培训等各类型人力资本支出加总得到人力资本（Kendrick，1976；张帆，2000）。成本法存在三方面不足：一是忽略了个人禀赋和投资效率等因素；二是难以区分人力资本投资和家庭消费；三是人力资本投资方式包括家庭层面的教育支出、健康投入、迁移流动以及企业层面的技能培训、干中学等诸多方式，现有数据很难全部覆盖所有人力资本投资成本。因此，采用成本法测算人力资本较为困难。

收入法从人力资本产出和投资效益角度测算人力资本，主要做法是假设影响工资收入的因素只有人力资本，进而利用终生收入或明瑟方程来测度人力资本（Jorgenson and Fraumeni，1989，1992；李海峥 等，2010，2013）。此方法认为教育是实现人力资本积累的主要途径，无法排除物质资本积累对人力资本的影响。同时，采用终生收入需要良好的收入数据支撑，采用单期工资数据会造成估计结果不稳定。因此，使用收入法核算中国城市人力资本有较大误差（张勇，2020）。

城市经济学和发展经济学相关文献多采用指标法。根据受教育水平或者职业技能将劳动力分为高技能劳动力与低技能劳动力（Autor and Dorn，2013；Autor et al.，2003；Moretti，2012），用高技能劳动力与低技能劳动力之比，或者高技能劳动力占总人口的比重来度量城市人力资本（Diamond，2016；Moretti，2004b；Piyapromdee，2021；夏怡然和陆铭，2019；张萃，2019），如大专及以上学历劳动力人数占总劳动力人数比重。这一度量方式的优点有二：一是与理论模型高度契合，可以利用现实数据估计出空间均衡模型的各项参数（Hendricks and Schoellman，2023）；二是具有适用性，能够在有效测算城市人力资本的基础上进行跨时间和跨地区比较。

（2）人力资本空间分布特征

人力资本空间分布并不平衡（Moretti，2004b，2012），表现出向大城市集聚以及分化两个主要特征。其原因在于，集聚效应、选择效应和技能偏向性技术进步推高了大城市以及人力资本积累较高的城市对高技能劳动力的吸引力。

集聚经济通常表现出技能偏向性（Davis and Dingel，2019；Dingel et al.，2019），一是提高人力资本的边际产出，推动人力资本向大城市集聚（Duranton and Puga，2004；Glaeser and Maré，2001；李红阳和邵敏，2017）；二是促进高生产率企业向大城市转移，增加了大城市人力资本需求（Behrens et al.，2014）。因此，高技能劳动力向大城市集聚，表现出人力资本与城市规模正相关的数据特征。例如，Costa and Kahn（2000）发现美国大学生居住在大城市的比例从 1940 年的 32% 上升至 1970 年的 39%。至 1990 年，这一比例攀升至 50%。除了发达国家外，人力资本向大城市集聚的趋势在中国、巴西、印度等发展中国家同样存在（Dingel et al.，2019）。梁文泉和陆铭（2015）利用中国人口普查数据发现，2000 年基期城市规模每提高 1%，十年后的高技能劳动力比例增长量提高 0.22 个百分点，意味着大城市的人力资本增长速度更快。Bacolod et al.（2009）发现，特大城市与小城市间的高技能劳动力占比相差 5 个百分点，说明城市规模与高技能劳动力占比正相关。但将劳动力技能细分为高、中、低三组后，大城市的高、低技能劳动力占比更高，中等技能劳动力占比更低，城市间平均人力资本没有差异（Eeckhout et al.，2014）。原因是，高、低技能劳动力的技能互补强于高、中等技能劳动力，故大城市通过集聚效应吸引高、低技能劳动力流入，小城市以较低的生活成本吸纳中等技能劳动力

（Behrens et al.，2014；Eeckhout et al.，2014；杨小忠和罗乐，2021）。

人力资本还表现出分化特征，即人力资本向历史人力资本丰厚的地区集聚。Moretti（2004b）指出，1990—2000 年，美国各城市大学生占比变化与基期大学生占比间的拟合线斜率为 0.041，意味着基期拥有更多高学历人口的城市，未来高学历人口增速更高（Simon，1998）。类似地，Moretti（2012）基于 1940—2000 年的美国数据发现，1940 年大学学历劳动力占比小于 3.72% 的地区，未来大学学历劳动力占比提高 14%，而在基期大学学历劳动力占比高于 5.74% 的地区，这一指标增加了 23%，说明人力资本在空间上表现出明显的分化特征。就中国而言，人力资本分化同样存在。梁文泉和陆铭（2015）利用中国人口普查数据研究发现，2000 年城市高技能劳动力比例每变动 1 个百分点，未来十年高技能劳动力比例增速将提高 0.31 个百分点。从长期视角出发，中国明清时期的进士数量与当代人力资本显著正相关，表明中国的人力资本分化过程长期存在（夏怡然和陆铭，2018，2019）。在时间维度上，人力资本分化速度随着全国人力资本提高而放缓（Diamond and Gaubert，2022）。Berry and Glaeser（2005）发现，美国 1970—1980 年的人力资本分化速度为 0.205，1981—1990 年下降至 0.147，至 1991—2000 年仅为 0.117。类似地，Broxterman and Yezer（2020）估计得到美国人力资本分化速度从 1970—1980 年的 0.43，逐步下降至 2000—2010 年的 0.19。

2.3.2　人力资本空间分布的影响因素

人力资本空间分布受到诸多因素影响，城市经济学和劳动经济学主要从异质性劳动力流动这一供给视角和企业需求视角出发，分析调整人力资本空间分布的长期机制。基于新经济地理学和劳动力流动相关理论，劳动力根据城市收入和就业概率形成预期收入，并在预算约束下选择最优消费组合。在考虑流动成本的情况下，劳动力基于效用最大化原则选择流入城市。从一般均衡视角出发，企业人力资本需求冲击同样会影响人力资本集聚。根据劳动力流动的人力资本理论和异质性劳动力流动理论，供给和需求因素对劳动力的影响存在异质性，这些因素将决定人力资本集聚方向。

本部分首先总结中间投入品进口成本和劳动力成本对人力资本空间分布的影响，其次总结影响人力资本空间分布的其他供给和需求因素。

（1）中间投入品进口成本

中间投入作为企业生产中最重要的投入要素，通过三个渠道影响人力资本需求：一是中间投入与高技能劳动力间的替代弹性小于中间投入与低技能劳动力间的替代弹性（Kiyota and Kurokawa，2019）。与资本—技能互补类似，中间投入品的成本下降有助于提高人力资本需求（Burstein et al.，2013；Parro，2013；Raveh and Reshef，2016）。二是比较优势机制（Burstein and Vogel，2017），表现为中间投入品的成本下降推动人力资本流入高技能劳动力生产率更高的地区。三是技术进步（Acemoglu，2003），表现为中间品进口推动技术进步，带来人力资本需求提升。

由于城市中间投入品的成本和数量难以直接观测，既有文献通常利用中间品进口来分析中间投入的影响。例如，Kasahara et al.（2016）基于中间品进口带来技能偏向性技术进步这一机制，认为进口贸易会提高企业人力资本需求。他们结合1996—2006年印度尼西亚数据，发现进口贸易使企业高技能劳动力占比提高了70%~99%。Li（2020）从资本品和高技能劳动力互补角度出发，利用中国人口普查微观数据研究发现，进口会显著提高城市人力资本，此结论与中间品的要素互补渠道一致。在Tombe and Zhu（2019）的基础上，Fan（2019）将劳动力技能差异和中间品贸易引入空间均衡模型，考察了贸易成本对异质性劳动力流动和技能溢价的影响。由于沿海城市在国际贸易中具有地理区位优势，关税削减对沿海城市的影响强于内陆城市。考虑到高技能劳动力的流动成本更低，且城市在劳动生产率上的比较优势不同，关税削减对不同技能劳动力流动的影响存在差异，这改变了人力资本空间分布。

（2）劳动力成本和价格

劳动力价格既是劳动力收入的表现形式，又是企业雇佣劳动力的价格，反映了劳动力成本。

从供给角度出发，劳动力流动存在自选择（Borjas，1987；Roy，1951），即高技能劳动力倾向于流入技能回报较高的地区，低技能劳动力更偏好技能回报较低或者收入分配更加平等的地区（Borjas et al.，1992；Hunt and Mueller，2004；Sjaastad，1962）。在经验证据方面，Abramitzky（2009）研究了以色列合作农场的"大锅饭"政策，发现高技能劳动力流出的概率比低技能劳动力高了16.9个百分点，同时低收入群体更倾向于流入。故完全公平的收入分配政策会促使高技能劳动力流出、吸引低技能劳动力流入，呈现出人力资本向技能回报较高的地区集聚的特点。由于墨西哥的技能回报高于美国，Fernández-Huertas Moraga（2011）利用2000—2004年人口调查数据比较了流入美国的墨西哥移民和未流动人口的初始特征，发现移民的平均受教育年限比未流动人口低1~1.3年，平均小时工资低30%，表明低技能、低收入的墨西哥居民更倾向于流入技能回报较低的美国。Bartolucci et al.（2018）分析了意大利的历史面板数据，发现移民的平均技能水平比非移民低22%，且低技能劳动力更倾向于朝着技能回报较低的北部地区迁移，表明流动过程存在逆向选择。研究中国劳动力流动自选择的文献较少。邢春冰（2010）利用2002年中国家庭收入调查数据，发现高教育、高收入农村移民更偏好迁往城市，表明中国的城乡移民具有正向选择效应。

具有累进性质的个人所得税政策降低了技能回报，造成高技能劳动力流出（Blundell and Macurdy，1999；Saez，2001），意味着税收政策是改变人力资本空间分布的重要因素（Epple and Romer，1991）。例如，Moretti and Wilson（2017）分析了美国各州间个人税收差异，发现地区税后收入每提升1%，科学家流入提升1.8%。Kleven et al.（2014）分析了丹麦1992年执行的高收入外国移民三年税收减免计划，发现该计划使高收入外国移民相对比例翻了一倍，即税率每下降1个百分点，人力资本流入概率提升1.5~2个百分点。

在人力资本需求端，现有文献普遍利用社会保险和最低工资等外生政策作为劳动力成本的代理变量。目前，相关文献并未就社会保险对企业人力资本需求的影响达成一致结论。鄢伟波和安磊（2021）利用《中华人民共和国社会保险法》改革作为政策冲击，发现企业不会通过提升职工学历结构的方式来应对劳动力成本上涨。但封进（2014）利用2000—2009年中国健康与营养调查数据研究发现，企业将10%~50%的社会保险缴费转嫁给低技能劳动力，说明社会保险会增加人力资本需求。类似地，Benzarti and Harju（2021）分析了芬兰的工薪税改革①，发现工薪税会增加企业高技能劳动力需求。虽然上述文献讨论了劳动力成本对人力资本需求的影响，但尚未关注由此带来的人力资本空间分布变动。

还有文献利用最低工资政策来考察劳动力成本对人力资本空间分布的

---

① 国外常用的工薪税和我国社会保险缴费政策类似。

影响。这支文献普遍赞同最低工资带来的劳动力成本上升会降低企业劳动力需求（Hau et al.，2020；马双 等，2012），且政策效果集中在低技能和低收入群体（Cengiz et al.，2019；Gopalan et al.，2021；Ku，2022），即企业人力资本需求增加。其中，Clemens et al.（2021）基于企业网络招聘信息研究发现，最低工资带来的人力资本需求提升体现在两个方面，一是招聘时的学历要求提高，二是低收入就业岗位出现过度技能化。与上述结论相反，孙楚仁等（2020）利用 2004 年中国工业企业普查数据，发现最低工资标准会降低企业员工的平均技能水平。从人力资本流动角度，Cadena（2014）指出，最低工资每提升 10%，低技能劳动力流入概率下降 8%，高技能劳动力不受影响，故低技能劳动力成本与地区人力资本正相关。

（3）人力资本流动的非收入影响因素

人力资本流动的非收入影响因素主要包括城市福利、房价和流动成本三个方面。

首先，人力资本会朝着城市福利更好的地区集聚。夏怡然和陆铭（2015）基于 2005 年的人口普查微观数据，发现高教育群体流动对城市基础教育的弹性更小，但对医疗服务的弹性更大，说明医疗服务是吸引人力资本流入的重要原因。王春超和叶蓓（2021）根据部分地区十二年免费教育改革政策，发现教育公共服务有助于促进人口流入，且对高技能劳动力的吸引力更强。因此，提高城市教育服务水平能够吸引人力资本流入（何炜，2020）。

良好的城市环境同样是城市福利的重要组成部分。孙伟增等（2019）基于 2011—2015 年全国流动人口动态监测调查，发现 1 单位 PM2.5 浓度提升将使高技能劳动力流入概率下降 1.06 个百分点，低技能劳动力的流入概率仅下降 0.34 个百分点，意味着人力资本会向空气污染程度低的地区集聚。罗勇根等（2019）基于 2000—2017 年中国专利数据和空气质量指数，发现空气污染会造成发明家流出。张海峰等（2019）基于 2008—2014 年生态城市健康指数，发现健康指数每上升 1 个百分点，劳动力流入的概率提高 8 个百分点，且这一影响集中于高技能劳动力。

其次，劳动力在预算约束下选择最优住房消费，故房价直接影响劳动力在城市间的流动。由于不同技能劳动力的住房需求存在差异，房价也会影响人力资本空间分布（Fang and Huang，2022；Roback，1982）。宋弘和吴茂华（2020）基于 2010—2015 年中国大学生调查数据，发现高企的房价造成了 21.5% 的高技能劳动力流失。周颖刚等（2019）基于中国流动人口动态监测调查数据，发现房价与劳动力收入之比每提高 10%，高技能劳动力再流动的概率提高 11.6%，略高于低技能劳动力的 11.1%，故相对房价提升会造成城市人力资本下降。

房价不仅是生活成本的组成部分，还具有正向信号机制。Moretti（2013）指出，由于高科技企业和金融企业普遍坐落于高房价地区，1980—2000 年美国经历的技能偏向性技术进步和高新技术产品需求扩张会大幅提升高房价地区的人力资本需求。因此，由需求扩张驱动的人力资本流入掩盖了房价生活成本的负向影响。此外，高房价地区往往能提供更高的城市福利水平，故房价与城市人力资本间存在倒"U"形关系（黎嘉辉，2019；张莉 等，2017）。

最后，流动成本会限制劳动力流动，导致劳动力流动表现出正向选择（Chiquiar and Hanson，2005；McKenzie and Rapoport，2010）。实证文献多以高速公路、高速铁路等基础设施建设作为政策冲击，考察劳动力流动成本的影响（Allen and Arkolakis，2014）。王春杨等（2020）认为高铁开通降低了交通成本和贸易成本，可以促进人力资本迁移。具体表现为，高铁开通将吸引高学历人群及专业技术人员流入（杨金玉和罗勇根，2019）。高波和王紫绮（2021）同样指出，高铁开通使高技能劳动力流动提升 0.443 单位，低技能劳动力流动仅提升 0.256 单位，意味着高铁开通会促进人力资本在城市间的流动。基于 Heckscher - Ohlin 模型，Michaels（2008）利用美国州际高速公路开通带来的冲击，发现技能密集地区的人力资本需求增加，其余地区的人力资本需求下降，呈现出人力资本向技能密集地区集聚的特征。

户籍政策作为流动成本的重要组成部分，较大地改变了人口空间分布（Song，2014；Tombe and Zhu，2019），但考察户籍政策对人力资本空间分布影响的文章较少。Fang and Huang（2022）认为户籍开放与基础设施建设带来了流动成本下降。其中，低技能劳动力流动成本下降 35%，高技能劳动力流动成本下降 21%。张吉鹏等（2020）基于 2017—2019 年中国家庭金融调查数据，发现城市落户门槛会加速劳动力回流，此效果集中于低技能劳动力，意味着城市落户门槛使得城市低技能劳动力占比下降，人力资本相应提升。

（4）企业人力资本需求

现有文献通常使用技术进步和贸易自由化作为冲击，分析人力资本需求对人力资本空间分布的影响。

从技术进步角度看，自20世纪80年代以来，全球科学技术表现出技能偏向性。企业就业岗位逐渐向多元化发展，人才吸附能力提高、重复性劳动就业岗位需求下降，这推高了企业人力资本需求（Autor et al.，2006；Katz and Murphy，1992）。

由于地区禀赋差异，高技能型城市、创新型城市和大城市从技能偏向性技术进步中获益最多，造成上述城市和其他城市间的人力资本差距拉大（Alonso et al.，2022；Giannone，2017；Moretti，2012）。例如，Rubinton（2021）在技术进步中引入固定成本，指出技能偏向性技术进步通常使大城市获益，地区间的人力资本差距拉大。Diamond（2016）将劳动力异质性偏好和住房市场纳入空间均衡模型，结合1980—2000年美国人口普查数据，发现技能偏向性技术进步每提高1%，地区人力资本提高0.28%。与之相反，每单位低技能偏向的技术进步使人力资本下降1.26%。因此，技能偏向性技术进步会推动人力资本集聚，低技能偏向的技术进步则起到相反作用。

信息技术普及和高技能劳动力需求间的正相关关系被认为是技能偏向性技术进步的重要例证。Autor et al.（2003）较早解释了该现象，认为计算机带来了企业技能需求结构的改变：一是替代认知型、任务型等常规技能，二是增加企业对问题解决、完成复杂交流等技能的需求。Michaels et al.（2014）认为信息技术会造成劳动力市场极化，表现为高技能劳动力需求扩张、中等技能劳动力需求下降、低技能劳动力需求不变。通过估算，技术进步能够解释25%的高技能劳动力需求增加。邵文波等（2018）利用中国2002—2004年的数据证实了上述观点，发现企业信息化密度有效提升了人力资本需求。孙伟增和郭冬梅（2021）采用中国信息基础设施建设作为冲击，发现城市每万人4G基站增加1个，企业低技能劳动力需求增加5.91%，高技能劳动力需求增加10.51%，表明信息技术普及提高了人力资本需求。

就贸易自由化而言，其影响人力资本空间分布的渠道有二：一是出口市场扩张和进口市场竞争直接影响人力资本需求；二是贸易自由化伴随着技能偏向性技术进步和生产要素替代，这有助于提升企业人力资本需求。由比较优势带来的地区间贸易自由化冲击差异，会改变人力资本空间分布。

从比较优势理论出发，出口扩张或进口竞争通过企业产出影响劳动力需求（Autor et al.，2013；Caliendo et al.，2019；张川川，2015）。由于高收入群体可以自由转换工作，进出口的影响集中于低技能劳动力（Autor et al.，2014；Greenland et al.，2019；Topalova，2010）。从产品异质性角度看，Jerbashian（2021）结合2001—2014年的中欧贸易数据，认为中国IT产业出口扩张挤出了欧洲国家的高收入职业岗位。McCaig（2011）发现越南对美国的出口品以低技能劳动力密集型产品为主，故越南出口关税下降提高了本国低技能劳动需求。从劳动力流动角度来看，关税下降主要促进了高技能劳动力跨省流动，对低技能劳动力跨省流动的影响很小。

基于垄断竞争和规模经济假设，新经济地理模型发现经济活动在空间上存在集聚特征（Krugman，1991；Krugman and Venables，1995），并将贸易和劳动力市场联系在一起（Krugman and Elizondo，1996；Melitz，2003）。这支文献基本赞同贸易自由化会推动人力资本集聚。由于发达国家在人力资本等要素方面具有比较优势，发达国家和欠发达国家间的贸易通常使发达国家的高技能劳动力和欠发达国家的低技能劳动力受益（Auer，2015；Costinot and Vogel，2015；Manasse and Turrini，2001）。但是，贸易开放带来的技能偏向性技术进步会提高欠发达国家的高技能劳动力需求（Goldberg and Pavcnik，2007）。因此，贸易自由化可能推高所有国家的人力资本需求。

2.3.3 人力资本空间分布的经济效应

（1）经济增长

人力资本是提高人均产出、促进地区发展的重要因素（Glaeser and Shapiro，2003；Lucas，1988），主要渠道为扩大人口规模、提高劳动生产率和促进创新。就人口规模而言，Shapiro（2006）基于1940—1990年美国人口普查数据，发现本地人力资本每提升10%，未来就业增长率提高0.8%。夏怡然和陆铭（2019）使用中国城市数据指出，城市大学生数量每增加1万人，劳动力流入增加1.6万人，说明城市人力资本会吸引人口流入。但 Glaeser and Saiz（2003）认为，地区人力资本积累本身并不影响劳动力的迁移选择，劳动生产率提升和城市创新才是人力资本推动经济增长的关键渠道（孙三百，2016；张萃，2019；张同斌，2016）。例如，Glaeser et al.（1995）利用 1960—1990 年美国 203 个城市的数据，发现城市人力资本每提高 1 单位，未来工资水平提高 2.78%。方森辉和毛其淋（2021）和周茂等（2019）利用中国高校扩招这一政策冲击，发现人力资本不仅显著提升了劳动力技能，还促进了城市研发创新（邓仲良，2021；张萃和李亚倪，2021）。此外，城市人力资本具有溢出效应，可以促进周边地区经济增长（戴琼瑶 等，2021）。

城市人力资本由内部的人力资本供给和外部的人力资本流入构成，意味着人力资本配置效率会对全国经济增长产生显著影响。Bryan and Morten（2019）考虑人力资本差异带来的异质性后，认为流动成本是阻碍印度尼西亚经济增长的关键。如果劳动力流动没有壁垒，印度尼西亚的劳动生产率将提升 22%；如果将流动成本降至美国水平，能带来 7.1% 的生产率提升。叶文平等（2018）引入异质性经济人和企业家职业选择后，发现流动人口提升了城市创业活跃度，而市场规模和知识溢出效应是吸引劳动力流入以及提高城市创业活力的重要机制。由于高技能劳动力是移民的重要构成（Barro and Lee，2013；Iranzo and Peri，2009），其流动方向影响着地区发展。具体而言，人力资本流出地因人才流失而发展受阻，流入地则因人力资本密集度提高而获益（Iranzo and Peri，2009；Miyagiwa，1991）。Biavaschi et al.（2020）指出，具有技能偏向的国际移民会提高流入地的社会总福利。通过对比分析发现，国际移民使 OECD 国家的福利提高了 1%，非 OECD 国家的福利下降 0.1%。由于高技能劳动力通常流入生产率更高的地区，全球总福利提升 0.6%。

（2）技能溢价

人力资本集聚产生的正外部性提高了人力资本收益，这是人力资本向大城市集聚以及在空间上表现出分化特征的重要原因。从正外部性角度看，高技能劳动力从知识溢出效应中获益最多，城市内部的人力资本回报提高。Davis and Dingel（2019）认为有成本的知识交换通过集聚效应形成了各类现实中的空间分布特征。具体而言，大城市拥有更多的知识交换机会，使得高技能劳动力集聚于大城市并主要从事知识交换，其生产率随之提升。最终，大城市的高、低技能劳动力间的生产率差异拉大，技能溢价与城市规模正相关。Davis and Dingel（2020）认为异质性劳动力的比较优势和迁移选择决定了城市的比较优势，基于多城市、多技能和多行业空间均衡模型，发现大城市具有更高的技能密集度且集中于技能型生产活动。王俊（2021）认为集聚效应和技能匹配是形成大城市工资溢价的关键因素，并且高技能劳动力比低技能劳动力的工资溢价更大。

在实证分析中，相关文献普遍支持人力资本集聚提高了技能溢价（Combes et al.，2008）。但是，Moretti（2004a）通过人力资本溢出效应，发现大学生的劳动供给每增加一个百分点，大学生的平均工资提升 0.4%，高中生的平均工资增加 1.6%，高中辍学人群的工资上升 1.9%，表明人力资本扩张会降低技能溢价。Fernández and Messina（2018）使用巴西、阿根廷和智利的数据发现，高中生供给增加会显著提高技能溢价，但大学生供给对技能溢价没有显著影响。Combes et al.（2020）利用 2005 年中国人口普查抽样调查数据，发现技能普遍较低的农村劳动力流入城市后，城市中的高技能劳动力从中获益，低技能劳动力则受损。Diamond（2016）从不同技能劳动力供给角度发现，高技能劳动力人口增长会同时提高高、低技能劳动力的工资水平，低技能劳动力人口增长会抑制低技能劳动力工资增长，但对高技能劳动力工资增长有促进作用。

2.3.4 文献评述

本节针对人力资本空间分布的相关研究展开回顾和总结。现有关于人力资本空间分布影响因素的研究较多。一支文献从供给角度，讨论劳动力收入（Bartolucci et al.，2018；Monras，2019）、城市福利（孙伟增 等，2019；夏怡然和陆铭，2015）、房价（Ganong and Shoag，2017；周颖刚 等，2019）和流动成本（王春杨 等，2020；张吉鹏 等，2020）对异质性劳动力流动和人力资本空间分布的影响。另一支文献从人力资本需求角度，讨论了技术进步（Diamond，2016；邵文波 等，2018）和贸易自由化（Kasahara et al.，2016；McCaig，2011）造成的人力资本空间分布变化，但较少关注要素成本对人力资本空间分布的影响。

现阶段，讨论中间投入品进口成本对人力资本空间分布影响的文献并不充足。部分义献从企业生产结构出发，假定中间投入和高技能劳动力间的替代效应弱于中间投入和低技能劳动力间的替代效应（Kiyota and Kuro-kawa，2019），从而推导出中间投入有利于增加企业人力资本需求，这一思路和"资本—技能互补假设"一致（Burstein et al.，2013；Parro，2013）。另一部分文献从比较优势理论和技能偏向性技术进步出发，认为增加中间投入会推高人力资本需求（Acemoglu，2003；Burstein and Vogel，2017；Kasahara et al.，2016）。但是，相关文献并未将上述问题延伸到空间层面，缺乏分析中间投入品进口成本对人力资本空间分布影响的研究。另外，由于城市中间投入的成本无法直接观测，现有文献基本利用进口中间品关税削减作为外生冲击，考察中间投入品进口成本的经济效应。基于此，本书利用进口中间品关税削减作为政策冲击，系统讨论了中间投入品进口成本对人力资本空间分布的影响，填补了相关研究的空白。

此外，已有文献尚未全面考虑劳动力成本如何影响人力资本空间分布。在人力资本供给端，高技能劳动力偏好高技能回报地区，低技能劳动力流入低技能回报地区（Borjas，1987；Sjaastad，1962；邢春冰，2010）。相关文献还利用地区间个人所得税税率差异作为政策冲击，所得结论基本支持人力资本向技能回报较高的地区集聚（Kleven et al.，2014；Moretti and Wilson，2017）。在需求端，由于劳动力成本内生，已有文献利用社会保险和最低工资作为冲击来分析劳动力成本对人力资本需求的影响。前者利用地区实际社会保险缴费率度量企业社会保险缴费负担，发现社会保险缴费负担会显著降低劳动力工资和就业率，但对企业人力资本需求的影响尚未达成一致结论（封进，2014；鄢伟波和安磊，2021）。相关文献还指出，最低工资会增加人力资本需求，表现为最低工资和城市人力资本正相关（Cadena，2014；Clemens，2021；Gopalan et al.，2021；Monras，2019）。目前，尚未有文章利用企业社会保险缴费基数作为政策冲击，讨论劳动力成本对人力资本空间分布的影响，在空间均衡模型中量化劳动力成本对人力资本空间分布影响的文献也不多见。

人力资本空间分布是影响经济增长和劳动力市场的重要因素。通过综述相关文献可知，城市人力资本促进了区域经济增长（Glaeser et al.，1995；Shapiro，2006；方森辉和毛其淋，2021），并且人力资本集聚带来的正外部性有助于提高劳动力收入（Davis and Dingel，2019；Moretti，2004a）。在空间视角下，人力资本流动是一个零和过程，即部分城市人力资本提高必然伴随着其余城市人力资本下降，导致人力资本流入地获益而流出地受损（Biavaschi et al.，2020；Miyagiwa，1991）。因此，线性回归难以评估优化人力资本空间分布是否推动了全国整体经济增长。部分文献将空间均衡模型与现实数据结合，通过调整劳动力流动成本的方式量化了人力资本空间分布对经济增长和劳动力市场的影响（Bryan and Morten，2019；Fan，2019；Tombe and Zhu，2019）。但是，这支文献较少讨论调整人力资本空间分布对区域协调发展的影响，以及要素成本通过人力资本空间分布这一渠道带来的经济效应。

3 中国人力资本空间分布特征事实

人力资本是城市发展的重要动力。引入空间经济后，人力资本在短期内的存量是既定的，人力资本供给和需求均衡决定了人力资本空间分布。从静态特征看，我国人力资本空间分布并不平衡，地区间人力资本差异较大，存在明显的大城市人力资本较高以及"东高西低"的特征。在动态演进视角下，我国人力资本整体呈现出向东部地区集聚的趋势。同时，人力资本倾向于朝着人力资本历史积累丰厚的地区集聚，进一步拉大了城市间人力资本差距。从整体经济增长角度看，优化人力资本空间分布带来的人力资本配置效率提升会促进社会总产出和总福利提升。

本章基于人口普查数据，首先描绘了中国人力资本空间分布的静态特征和动态演进；其次刻画了中间投入品进口成本和劳动力成本与人力资本空间分布间的典型事实；最后从经济增长角度探讨了城市人力资本的重要作用。上述典型事实为深入分析中国人力资本空间分布的影响因素和经济效应提供了现实依据。

3.1 中国人力资本空间分布特征

3.1.1 城市人力资本的测度

城市人力资本的度量方式包括成本法、收入法和指标法三类。其中，成本法需要十分详细的人力资本投资信息，采用该方法测算人力资本较为困难。收入法是利用教育回报率来衡量人力资本。但是，中国缺少覆盖各城市的劳动力永久收入信息，采用此方法核算中国各城市人力资本存在较大的测量误差（张勇，2020）。鉴于此，本章采用文献中广泛使用的高技能劳动力 H 占总劳动力 N 的比重 H/N 来衡量城市人力资本（Berry and

Glaeser，2005；Moretti，2012；夏怡然和陆铭，2019）。重要的是，该指标能与后续的理论模型和实证设定有机结合。一方面，该指标可以在流动框架下分解出人力资本来源，包括人力资本流入、人力资本流出和本地劳动力市场结构转变，具体如 4.5.3 小节所示。另一方面，空间均衡模型能够在区分高、低技能劳动力的同时，引入个人层面的人力资本异质性，具体设定见第 5 章和第 6 章。理论和实证文献还使用高技能劳动力 H 与低技能劳动力 L 之比 H/L，或者高、低技能劳动力之比取对数 $\ln(H/L)$ 来衡量城市人力资本（Khanna et al.，2021；Rubinton，2021），这些设定与使用高技能劳动力占比 H/N 并没有本质区别。本书在稳健性分析中还与收入法测算的地区人力资本进行比较，发现这两种方法计算出的地区人力资本高度相关。

在劳动力技能水平的划分上，已有文献大多将大专及以上学历的劳动力定义为高技能劳动力，高中及以下学历的劳动力定义为低技能劳动力（Broxterman and Yezer，2020；Diamond，2016；张萃，2019）。本章遵循此定义，使用大专及以上学历的劳动力占比衡量城市人力资本。此外，部分文献根据劳动力是否上高中或者劳动力职业分类来定义高、低技能劳动力（Autor and Dorn，2013；Li，2018；Lise and Postel-Vinay，2020），使用不同定义不会改变本章的基本结论。

我们选择 2000—2015 年中国人口普查微观数据来测算城市人力资本，辅以 2000—2020 年人口普查分县资料讨论近期城市人力资本变动。其中，人口普查微观数据详细记录了微观层面的人口信息，人口普查分县资料仅公布了县级加总信息。本书关注的人力资本空间分布是在人力资本存量既定的情况下，人力资本在各城市的分布情况，这就需要排除未就业人口和教育决策带来的潜在干扰。因此，我们使用 2000—2015 年中国人口普查微观数据中 23~60 岁且有工作的样本来计算城市人力资本，并以此为基准结果。为了分析近期的城市人力资本特征，我们使用 2000—2020 年人口普查分县资料计算大专及以上学历人口数占入学人口数比例。虽然人口普查分县资料可用于衡量城市人力资本（夏怡然和陆铭，2019），但会包含人口教育决策、地区教育差异和就业选择等信息。在后续研究中，本章使用人口普查微观数据和人口普查分县资料计算出的人力资本空间分布特征基本一致，但二者在实证分析中的结果仍存在较大差异，后者可能放大了要素成本对人力资本空间分布的影响。

3.1.2 中国人力资本空间分布的现实特征

表 3.1 展示了中国城市人力资本的描述统计结果。Panel A 是使用 2000—2015 年中国人口普查微观数据计算出的城市人力资本。结果显示，2000 年平均城市人力资本为 0.06[①]，即大专及以上学历劳动力占总劳动力比重为 6%。2015 年，平均城市人力资本上升到 0.14，是 2000 年的 2.55 倍。在 2000—2015 年，平均城市人力资本增长速度呈现递增趋势。数据显示，2000—2005 年平均城市人力资本增长了 0.02，2010—2015 年，平均城市人力资本增幅达到 0.03。造成城市人力资本在时间维度上增加的主要原因是，我国自 1999 年开始的高校扩招大幅提高了高技能劳动力供给。

在城市人力资本提升的背景下，城市间人力资本差距逐渐拉大，城市人力资本的标准差从 2000 年的 0.04 提高到 2005 年的 0.05。2015 年，该指标提高至 0.08。同时，城市人力资本的极差，即最大值与最小值之差也从 2000 年的 0.22 迅速提高到 2015 年的 0.46。综上所述，中国城市人力资本在 2000—2015 年呈现迅速上升的趋势，但城市间的人力资本差距也在拉大。

Panel B 是使用 2000—2020 年中国人口普查分县资料计算出的城市人力资本。由于人口普查分县资料记录的是 6 岁及以上入学人口的教育情况，该数据计算出的人力资本绝对值包含入学人口、教育投资等其他信息。但是，我们能通过时间变化趋势分析得到我国近期的城市人力资本特征。Panel B 的结果显示，城市人力资本标准差和极差逐步变大，说明城市间人力资本差距正在拉大。

表 3.1 中国城市人力资本的描述统计结果

Panel A：人口普查微观数据					
年份	样本量	均值	标准差	最小值	最大值	极差
2000	327	0.055	0.037	0.013	0.236	0.223
2005	327	0.079	0.053	0.013	0.362	0.349
2010	327	0.106	0.061	0.026	0.419	0.393
2015	327	0.140	0.075	0.032	0.491	0.459

---

① 为论述简洁，正文中数据保留两位小数。

年份	样本量	均值	标准差	最小值	最大值	极差
Panel B：人口普查分县资料						
2000	327	0.036	0.027	0.007	0.175	0.168
2010	327	0.085	0.049	0.02	0.328	0.308
2020	327	0.146	0.064	0.049	0.444	0.395

注：Panel A 使用的数据是 2000—2015 年人口普查微观数据，城市人力资本的计算方法为城市 23~60 岁劳动力中大专及以上学历劳动力占比。Panel B 使用的数据是 2000—2020 年人口普查分县资料，城市人力资本的计算方式为入学人口中大专及以上学历人口占比。虽然使用入学人口计算的城市人力资本指标包含教育投资等信息，但通过比较该指标的变化趋势，能在一定程度上反映我国近期人力资本空间分布特征。表中观测值为全国各地级行政单位与直辖市，删除了西藏自治区中除拉萨市以外的其他城市。

从静态特征来看，中国人力资本空间分布呈大城市较高，以及东高西低、沿海城市高于内陆城市的特征。表 3.2 第（1）列是使用人口普查微观数据计算的 2015 年城市人力资本。值得注意的是，部分民族地区人力资本较高。如 2015 年新疆维吾尔自治区的人力资本为 0.21，高于全国平均水平 0.14。其下辖的乌鲁木齐市与克拉玛依市的人力资本常年保持在高位。2015 年，两座城市的人力资本分别为 0.43 和 0.37。形成上述现象的原因是，中国实施的"援藏""援疆"等少数民族政策推高了对应城市的人力资本。表 3.2 第（2）列是使用人口普查分县资料计算的 2020 年城市人力资本。可以看出，两个数据计算得到的人力资本空间分布特征基本一致。

表 3.2　中国城市人力资本的空间分布特征

地区名称	静态特征		动态特征	
	2015 年	2020 年	2015 年	2020 年
	（1）	（2）	（3）	（4）
北京市	0.487	0.444	0.279	0.268
天津市	0.295	0.284	0.167	0.190
石家庄市	0.183	0.216	0.121	0.163
唐山市	0.164	0.153	0.121	0.122

表3.2(续)

地区名称	静态特征		动态特征	
	2015 年	2020 年	2015 年	2020 年
	（1）	（2）	（3）	（4）
秦皇岛市	0.201	0.188	0.142	0.141
邯郸市	0.074	0.085	0.045	0.063
邢台市	0.071	0.089	0.043	0.072
保定市	0.108	0.116	0.078	0.092
张家口市	0.125	0.129	0.078	0.100
承德市	0.104	0.136	0.060	0.109
沧州市	0.105	0.096	0.076	0.075
廊坊市	0.133	0.162	0.093	0.132
衡水市	0.072	0.089	0.051	0.073
太原市	0.402	0.276	0.218	0.148
大同市	0.147	0.166	0.072	0.129
阳泉市	0.203	0.180	0.130	0.142
长治市	0.129	0.162	0.099	0.134
晋城市	0.141	0.183	0.114	0.161
朔州市	0.138	0.158	0.088	0.135
晋中市	0.134	0.184	0.077	0.153
运城市	0.097	0.143	0.068	0.122
忻州市	0.091	0.147	0.051	0.122
临汾市	0.103	0.147	0.056	0.120
吕梁市	0.082	0.146	0.051	0.126
呼和浩特市	0.287	0.322	0.183	0.225
包头市	0.295	0.245	0.204	0.178
乌海市	0.223	0.231	0.101	0.166
赤峰市	0.108	0.147	0.077	0.121
通辽市	0.105	0.137	0.062	0.109

表3.2(续)

地区名称	静态特征		动态特征	
	2015 年	2020 年	2015 年	2020 年
	（1）	（2）	（3）	（4）
鄂尔多斯市	0.278	0.259	0.196	0.220
呼伦贝尔市	0.210	0.173	0.136	0.135
巴彦淖尔市	0.125	0.162	0.079	0.131
乌兰察布市	0.116	0.148	0.077	0.127
兴安盟	0.125	0.134	0.078	0.109
锡林郭勒盟	0.178	0.195	0.116	0.161
阿拉善盟	0.258	0.277	0.155	0.212
沈阳市	0.341	0.288	0.197	0.172
大连市	0.298	0.247	0.177	0.157
鞍山市	0.182	0.137	0.114	0.082
抚顺市	0.190	0.164	0.087	0.097
本溪市	0.189	0.171	0.098	0.107
丹东市	0.142	0.134	0.082	0.087
锦州市	0.145	0.157	0.089	0.106
营口市	0.146	0.135	0.094	0.097
阜新市	0.119	0.137	0.052	0.087
辽阳市	0.138	0.147	0.070	0.094
盘锦市	0.257	0.198	0.162	0.137
铁岭市	0.090	0.099	0.046	0.066
朝阳市	0.129	0.120	0.075	0.086
葫芦岛市	0.142	0.124	0.091	0.094
长春市	0.214	0.232	0.118	0.146
吉林市	0.153	0.164	0.079	0.115
四平市	0.091	0.128	0.045	0.095
辽源市	0.067	0.112	-0.007	0.081

表3.2(续)

地区名称	静态特征		动态特征	
	2015 年	2020 年	2015 年	2020 年
	（1）	（2）	（3）	（4）
通化市	0.120	0.148	0.055	0.111
白山市	0.182	0.159	0.114	0.118
松原市	0.074	0.105	0.042	0.080
白城市	0.086	0.115	0.047	0.085
延边朝鲜族自治州	0.170	0.170	0.078	0.108
哈尔滨市	0.155	0.212	0.056	0.131
齐齐哈尔市	0.083	0.114	0.021	0.078
鸡西市	0.097	0.121	0.044	0.075
鹤岗市	0.146	0.147	0.048	0.104
双鸭山市	0.156	0.124	0.098	0.086
大庆市	0.177	0.187	0.080	0.128
伊春市	0.190	0.132	0.083	0.094
佳木斯市	0.121	0.148	0.049	0.097
七台河市	0.155	0.128	0.090	0.092
牡丹江市	0.154	0.140	0.064	0.086
黑河市	0.099	0.133	0.025	0.091
绥化市	0.041	0.066	0.009	0.046
大兴安岭地区	0.185	0.197	0.050	0.147
上海市	0.384	0.306	0.242	0.192
南京市	0.433	0.373	0.308	0.244
无锡市	0.278	0.288	0.202	0.237
徐州市	0.135	0.140	0.085	0.109
常州市	0.248	0.218	0.205	0.171
苏州市	0.276	0.238	0.223	0.189
南通市	0.172	0.155	0.141	0.127

表3.2(续)

地区名称	静态特征		动态特征	
	2015 年	2020 年	2015 年	2020 年
	（1）	（2）	（3）	（4）
连云港市	0.124	0.157	0.082	0.130
淮安市	0.115	0.136	0.080	0.113
盐城市	0.111	0.112	0.081	0.088
扬州市	0.168	0.183	0.126	0.142
镇江市	0.203	0.201	0.135	0.148
泰州市	0.182	0.163	0.148	0.138
宿迁市	0.088	0.118	0.069	0.105
杭州市	0.289	0.311	0.206	0.235
宁波市	0.209	0.188	0.161	0.151
温州市	0.157	0.134	0.122	0.109
嘉兴市	0.166	0.161	0.136	0.137
湖州市	0.151	0.144	0.106	0.122
绍兴市	0.167	0.160	0.143	0.136
金华市	0.145	0.143	0.109	0.112
衢州市	0.143	0.131	0.092	0.105
舟山市	0.217	0.188	0.133	0.154
台州市	0.127	0.122	0.101	0.103
丽水市	0.121	0.125	0.072	0.100
合肥市	0.212	0.285	0.121	0.211
芜湖市	0.147	0.184	0.102	0.137
蚌埠市	0.108	0.126	0.063	0.095
淮南市	0.124	0.123	0.075	0.081
马鞍山市	0.112	0.161	0.069	0.110
淮北市	0.140	0.137	0.101	0.105
铜陵市	0.160	0.163	0.082	0.108

表3.2(续)

地区名称	静态特征		动态特征	
	2015 年	2020 年	2015 年	2020 年
	（1）	（2）	（3）	（4）
安庆市	0.102	0.136	0.068	0.114
黄山市	0.129	0.137	0.105	0.110
滁州市	0.101	0.139	0.073	0.121
阜阳市	0.051	0.075	0.030	0.063
宿州市	0.056	0.100	0.035	0.085
六安市	0.065	0.104	0.047	0.089
亳州市	0.031	0.078	0.016	0.068
池州市	0.154	0.142	0.132	0.119
宣城市	0.099	0.120	0.075	0.102
福州市	0.233	0.199	0.166	0.146
厦门市	0.325	0.292	0.209	0.204
莆田市	0.119	0.106	0.086	0.085
三明市	0.137	0.128	0.087	0.099
泉州市	0.124	0.114	0.095	0.094
漳州市	0.130	0.108	0.097	0.089
南平市	0.140	0.112	0.088	0.086
龙岩市	0.160	0.130	0.113	0.104
宁德市	0.131	0.107	0.100	0.089
南昌市	0.215	0.268	0.097	0.187
景德镇市	0.145	0.129	0.093	0.093
萍乡市	0.124	0.129	0.070	0.105
九江市	0.110	0.143	0.071	0.116
新余市	0.117	0.143	0.064	0.105
鹰潭市	0.113	0.108	0.060	0.080
赣州市	0.070	0.101	0.038	0.083

表3.2(续)

地区名称	静态特征		动态特征	
	2015 年	2020 年	2015 年	2020 年
	（1）	（2）	（3）	（4）
吉安市	0.081	0.088	0.047	0.068
宜春市	0.075	0.093	0.036	0.072
抚州市	0.066	0.096	0.031	0.072
上饶市	0.063	0.093	0.040	0.078
济南市	0.307	0.280	0.204	0.190
青岛市	0.274	0.242	0.192	0.183
淄博市	0.183	0.200	0.109	0.147
枣庄市	0.092	0.116	0.056	0.088
东营市	0.214	0.240	0.139	0.178
烟台市	0.166	0.191	0.111	0.149
潍坊市	0.136	0.157	0.093	0.126
济宁市	0.096	0.121	0.060	0.093
泰安市	0.115	0.141	0.077	0.108
威海市	0.169	0.176	0.108	0.135
日照市	0.126	0.148	0.070	0.122
临沂市	0.066	0.097	0.039	0.077
德州市	0.076	0.100	0.050	0.080
聊城市	0.089	0.102	0.066	0.081
滨州市	0.099	0.124	0.059	0.098
菏泽市	0.063	0.077	0.038	0.061
郑州市	0.289	0.314	0.193	0.226
开封市	0.077	0.109	0.040	0.076
洛阳市	0.113	0.145	0.057	0.102
平顶山市	0.092	0.105	0.058	0.078
安阳市	0.081	0.100	0.041	0.075

表3.2(续)

地区名称	静态特征		动态特征	
	2015 年	2020 年	2015 年	2020 年
	（1）	（2）	（3）	（4）
鹤壁市	0.080	0.117	0.031	0.085
新乡市	0.093	0.127	0.051	0.094
焦作市	0.101	0.137	0.044	0.103
濮阳市	0.080	0.109	0.046	0.084
许昌市	0.075	0.098	0.038	0.077
漯河市	0.087	0.115	0.062	0.091
三门峡市	0.117	0.127	0.081	0.095
南阳市	0.058	0.078	0.025	0.056
商丘市	0.045	0.085	0.026	0.070
信阳市	0.054	0.091	0.028	0.072
周口市	0.045	0.067	0.030	0.054
驻马店市	0.036	0.070	0.011	0.053
武汉市	0.346	0.359	0.200	0.234
黄石市	0.181	0.133	0.114	0.093
十堰市	0.133	0.131	0.073	0.093
宜昌市	0.128	0.158	0.077	0.117
襄阳市	0.129	0.115	0.081	0.082
鄂州市	0.112	0.148	0.066	0.116
荆门市	0.116	0.136	0.069	0.104
孝感市	0.072	0.088	0.037	0.067
荆州市	0.119	0.108	0.080	0.080
黄冈市	0.126	0.093	0.094	0.073
咸宁市	0.101	0.099	0.056	0.072
随州市	0.099	0.088	0.074	0.073
恩施土家族苗族自治州	0.055	0.098	0.033	0.080

地区名称	静态特征		动态特征	
	2015 年	2020 年	2015 年	2020 年
	（1）	（2）	（3）	（4）
长沙市	0.305	0.295	0.214	0.208
株洲市	0.164	0.161	0.107	0.120
湘潭市	0.195	0.182	0.129	0.132
衡阳市	0.138	0.096	0.107	0.070
邵阳市	0.107	0.081	0.081	0.062
岳阳市	0.116	0.104	0.076	0.077
常德市	0.113	0.112	0.082	0.089
张家界市	0.146	0.108	0.118	0.088
益阳市	0.121	0.092	0.080	0.069
郴州市	0.120	0.094	0.083	0.069
永州市	0.100	0.074	0.072	0.055
怀化市	0.079	0.086	0.046	0.067
娄底市	0.118	0.098	0.068	0.074
湘西土家族苗族自治州	0.087	0.093	0.058	0.072
广州市	0.305	0.292	0.185	0.192
韶关市	0.109	0.127	0.051	0.088
深圳市	0.298	0.310	0.210	0.226
珠海市	0.266	0.277	0.148	0.196
汕头市	0.114	0.090	0.065	0.065
佛山市	0.178	0.173	0.127	0.134
江门市	0.134	0.127	0.102	0.101
湛江市	0.101	0.098	0.061	0.071
茂名市	0.086	0.090	0.045	0.068
肇庆市	0.078	0.096	0.039	0.071
惠州市	0.123	0.096	0.086	0.069

表3.2(续)

地区名称	静态特征		动态特征	
	2015 年	2020 年	2015 年	2020 年
	（1）	（2）	（3）	（4）
梅州市	0.080	0.090	0.032	0.065
汕尾市	0.063	0.058	0.031	0.047
河源市	0.100	0.093	0.066	0.075
阳江市	0.069	0.099	0.030	0.080
清远市	0.070	0.108	0.036	0.087
东莞市	0.128	0.140	0.104	0.117
中山市	0.139	0.143	0.096	0.115
潮州市	0.062	0.083	0.039	0.065
揭阳市	0.037	0.049	0.026	0.042
云浮市	0.072	0.076	0.033	0.059
南宁市	0.166	0.205	0.062	0.117
柳州市	0.126	0.150	0.045	0.090
桂林市	0.118	0.141	0.069	0.103
梧州市	0.097	0.085	0.072	0.066
北海市	0.177	0.129	0.119	0.099
防城港市	0.123	0.114	0.086	0.088
钦州市	0.065	0.082	0.032	0.069
贵港市	0.065	0.072	0.053	0.059
玉林市	0.072	0.071	0.041	0.055
百色市	0.073	0.095	0.056	0.078
贺州市	0.066	0.080	0.039	0.066
河池市	0.082	0.089	0.059	0.073
来宾市	0.085	0.083	0.064	0.069
崇左市	0.070	0.114	0.051	0.100
海口市	0.214	0.269	−0.021	0.124

地区名称	静态特征		动态特征	
	2015 年	2020 年	2015 年	2020 年
	（1）	（2）	（3）	（4）
三亚市	0.197	0.209	0.140	0.173
重庆市	0.134	0.164	0.093	0.133
成都市	0.264	0.272	0.187	0.195
自贡市	0.126	0.100	0.083	0.074
攀枝花市	0.137	0.164	0.033	0.108
泸州市	0.076	0.096	0.053	0.077
德阳市	0.110	0.125	0.086	0.103
绵阳市	0.100	0.137	0.062	0.108
广元市	0.113	0.108	0.082	0.089
遂宁市	0.066	0.079	0.035	0.066
内江市	0.085	0.085	0.064	0.066
乐山市	0.099	0.112	0.070	0.086
南充市	0.094	0.093	0.069	0.075
眉山市	0.104	0.102	0.087	0.088
宜宾市	0.076	0.103	0.052	0.086
广安市	0.062	0.069	0.043	0.057
达州市	0.050	0.073	0.025	0.059
雅安市	0.122	0.113	0.096	0.085
巴中市	0.099	0.092	0.085	0.081
资阳市	0.041	0.065	0.022	0.053
阿坝藏族羌族自治州	0.150	0.142	0.107	0.119
甘孜藏族自治州	0.105	0.114	0.077	0.100
凉山彝族自治州	0.058	0.075	0.031	0.058
贵阳市	0.213	0.256	0.118	0.175
六盘水市	0.108	0.098	0.079	0.082

表 3.2(续)

地区名称	静态特征		动态特征	
	2015 年	2020 年	2015 年	2020 年
	（1）	（2）	（3）	（4）
遵义市	0.083	0.102	0.058	0.084
安顺市	0.075	0.093	0.039	0.073
毕节市	0.047	0.072	0.037	0.065
铜仁市	0.067	0.106	0.051	0.092
黔西南布依族苗族自治州	0.055	0.098	0.035	0.086
黔东南苗族侗族自治州	0.089	0.098	0.068	0.084
黔南布依族苗族自治州	0.076	0.114	0.049	0.098
昆明市	0.182	0.259	0.097	0.183
曲靖市	0.083	0.104	0.062	0.090
玉溪市	0.124	0.130	0.086	0.106
保山市	0.080	0.093	0.073	0.082
昭通市	0.050	0.071	0.039	0.063
丽江市	0.106	0.131	0.088	0.116
普洱市	0.095	0.095	0.073	0.081
临沧市	0.084	0.078	0.064	0.069
楚雄彝族自治州	0.108	0.102	0.087	0.086
红河哈尼族彝族自治州	0.087	0.091	0.070	0.075
文山壮族苗族自治州	0.063	0.077	0.048	0.069
西双版纳傣族自治州	0.094	0.099	0.065	0.082
大理白族自治州	0.069	0.106	0.046	0.089
德宏傣族景颇族自治州	0.091	0.114	0.064	0.098
怒江傈僳族自治州	0.096	0.100	0.089	0.087
迪庆藏族自治州	0.081	0.135	0.042	0.121
拉萨市	0.106	0.182	0.058	0.140
日喀则市	0.034	0.093	0.022	0.087

表3.2(续)

地区名称	静态特征		动态特征	
	2015 年	2020 年	2015 年	2020 年
	（1）	（2）	（3）	（4）
昌都市	0.024	0.076	0.019	0.071
林芝市	0.093	0.172	0.069	0.149
那曲市	0.003	0.083	−0.013	0.078
山南地区	0.077	0.140	0.040	0.129
阿里地区	0.011	0.162	0.011	0.147
西安市	0.315	0.337	0.193	0.219
铜川市	0.133	0.151	0.070	0.115
宝鸡市	0.141	0.147	0.104	0.115
咸阳市	0.125	0.168	0.090	0.133
渭南市	0.125	0.113	0.093	0.092
延安市	0.122	0.151	0.083	0.122
汉中市	0.101	0.109	0.070	0.084
榆林市	0.163	0.165	0.135	0.145
安康市	0.085	0.098	0.063	0.079
商洛市	0.073	0.097	0.055	0.080
兰州市	0.291	0.304	0.164	0.199
嘉峪关市	0.231	0.298	0.101	0.229
金昌市	0.171	0.205	0.101	0.157
白银市	0.164	0.160	0.122	0.133
天水市	0.062	0.113	0.039	0.096
武威市	0.139	0.135	0.082	0.115
张掖市	0.134	0.156	0.102	0.130
平凉市	0.095	0.130	0.080	0.114
酒泉市	0.167	0.186	0.091	0.149
庆阳市	0.103	0.112	0.083	0.097

表3.2(续)

地区名称	静态特征		动态特征	
	2015 年	2020 年	2015 年	2020 年
	（1）	（2）	（3）	（4）
定西市	0.070	0.109	0.055	0.098
陇南市	0.056	0.065	0.041	0.054
临夏回族自治州	0.061	0.075	0.052	0.066
甘南藏族自治州	0.107	0.114	0.079	0.094
西宁市	0.223	0.229	0.154	0.169
海东市	0.061	0.094	0.047	0.078
海北藏族自治州	0.123	0.119	0.091	0.100
黄南藏族自治州	0.135	0.115	0.095	0.089
海南藏族自治州	0.099	0.111	0.072	0.089
果洛藏族自治州	0.088	0.099	0.069	0.084
玉树藏族自治州	0.068	0.076	0.068	0.068
海西蒙古族藏族自治州	0.152	0.198	0.074	0.151
银川市	0.270	0.284	0.138	0.187
石嘴山市	0.205	0.162	0.126	0.116
吴忠市	0.128	0.118	0.077	0.091
固原市	0.064	0.122	0.047	0.108
乌鲁木齐市	0.431	0.323	0.213	0.156
克拉玛依市	0.369	0.334	0.127	0.210
吐鲁番市	0.157	0.158	0.035	0.114
哈密市	0.308	0.226	0.254	0.152
昌吉回族自治州	0.198	0.210	0.102	0.156
博尔塔拉蒙古自治州	0.214	0.206	0.087	0.146
巴音郭楞蒙古自治州	0.231	0.199	0.135	0.142
阿克苏地区	0.125	0.118	0.090	0.087
克孜勒苏柯尔克孜自治州	0.140	0.160	0.086	0.121

表3.2(续)

地区名称	静态特征		动态特征	
	2015 年	2020 年	2015 年	2020 年
	（1）	（2）	（3）	（4）
喀什地区	0.074	0.095	0.026	0.073
和田地区	0.073	0.088	0.043	0.067
伊犁哈萨克自治州	0.183	0.159	0.124	0.116
塔城地区	0.168	0.160	0.084	0.112
阿勒泰地区	0.209	0.197	0.137	0.140

注：第（1）列是使用人口普查微观数据计算的 2015 年城市人力资本，计算方法为城市 23~60 岁劳动力中大专及以上学历劳动力占比。第（2）列是使用人口普查分县资料计算的 2020 年城市人力资本，计算方式为入学人口中大专及以上学历人口占比。第（3）列是使用人口普查微观数据计算的 2000—2015 年城市人力资本变化，城市人力资本计算方法为城市 23~60 岁劳动力中大专及以上学历劳动力占比。第（4）列是使用人口普查分县资料计算的 2000—2020 年城市人力资本变化，城市人力资本计算方式为入学人口中大专及以上学历人口占比。

其中，使用入学人口计算的城市人力资本指标会包含教育投资等信息，但该指标也能在一定程度上反映我国近期人力资本空间分布特征。

从动态演进角度看，人力资本在空间上的集聚趋势较为明显。如表3.2 所示，人力资本的集聚方向有三：一是流入沿边城市和民族地区，原因在于这部分地区的初始人力资本较低，中央政府实施的各项援助计划大力推动了人力资本向这部分地区转移。但是，行政主导的人力资本配置政策效果难以长期持续，市场机制仍在调整人力资本空间分布中起决定性作用（Glaeser and Lu，2018；夏怡然和陆铭，2018）。二是朝着大城市集聚（Davis and Dingel，2020；李红阳和邵敏，2017；张军涛 等，2021），这说明集聚效应是吸引人力资本流入的重要因素。三是向东部沿海地区集聚，表现为长三角城市群、粤港澳大湾区和环渤海经济圈的人力资本增长速度更快。原因在于，随着我国不断深入国际贸易体系，沿海城市因有利于贸易的区位优势和产业结构（Han et al.，2012；Nagy，2022），吸引了人力资本流入。

由于人力资本积累丰厚的城市有更强的外部性且更容易吸收技术进步，人力资本在空间上通常表现出大分化（the great divergence）趋势，即期初人力资本越高的城市，未来人力资本增长速度越快（Berry and

Glaeser，2005；Moretti，2012）。我们利用 2000 年基期城市人力资本和未来城市人力资本变化刻画了中国人力资本的分化趋势，具体如图 3.1 所示。结果表明，城市人力资本的期初值和增长速度间有正相关关系，意味着我国人力资本在空间上具有分化的特征（梁文泉和陆铭，2015；彭树宏，2019）。

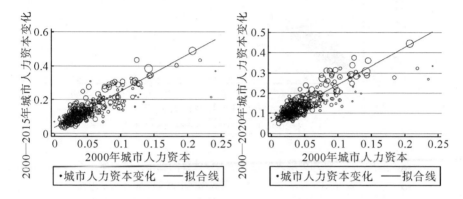

图 3.1　人力资本在空间上的分化特征

注：左图是使用人口普查微观数据计算出的城市人力资本，计算方法为城市 23～60 岁劳动力中大专及以上学历劳动力占比。右图是使用人口普查县级资料计算出的城市人力资本，计算方式为入学人口中大专及以上学历人口占比。其中，使用入学人口计算的城市人力资本指标会包含教育投资等信息，但该指标也能在一定程度上反映我国近期人力资本空间分布特征。权重为 2000 年城市人口数。

3.1.3　城市人力资本测量方式的稳健性分析

我们首先比较使用人口普查微观数据和人口普查分县资料计算出的城市人力资本，验证本章基本结论的稳健性。图 3.2 绘制了使用上述两组数据得到的城市人力资本指标的散点图。结果显示，使用这两个数据计算得到的城市人力资本高度相关，2000 年和 2010 年两个指标的相关系数分别为 0.93 和 0.95。使用人口普查微观数据计算的城市人力资本基本大于使用人口普查分县资料计算得到的结果，原因是人口普查微观数据将样本限定为有工作的劳动力，而人口普查分县资料仅能识别入学人口。综上所述，本章在基准结果中使用人口普查微观数据和人口普查分县资料得到的城市人力资本静态特征和动态演进是稳健的。

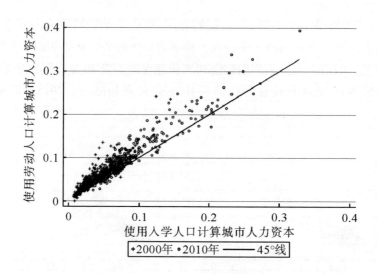

图 3.2　使用劳动人口和入学人口计算的城市人力资本

注：劳动人口信息是由人口普查微观数据中的 23~60 岁劳动力样本得到，入学人口是由人口普查分县资料提供的 6 岁及以上人口信息得到。城市人力资本计算方式为大专及以上学历人口占比。其中，使用入学人口计算的城市人力资本指标包含教育投资等信息，但该指标也能在一定程度上反映我国近期人力资本空间分布特征。

Jorgenson and Fraumeni（1989，1992）提出的终生收入法（以下简称"J–F 收入法"）被用于测算中国全国层面和省级层面的人力资本（李海峰 等，2010，2013）。受数据可得性的影响，J–F 收入法测算出的城市人力资本可信程度有限（张勇，2020）。参考李松亮等（2020），我们在省份层面比较使用不同方法计算出的人力资本指标进行稳健性分析。考虑到本章使用的高技能劳动力占比更接近人均指标而非总量指标，我们使用《中国人力资本报告》提供的 2000—2015 年中国各省实际人均劳动力人力资本进行对比，该指标的计算方法为 J–F 收入法。图 3.3 绘制了两个指标的散点图。可以看出，使用高技能劳动力占比和 J–F 收入法计算得到的省级人力资本具有很强的正相关关系，这说明本章得到的中国城市人力资本指标是稳健的。

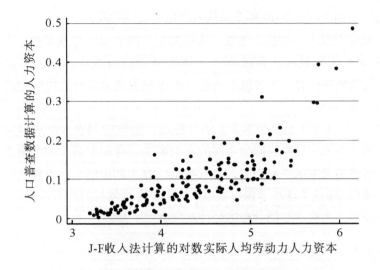

图 3.3 不同方法计算的各省人力资本

注：人口普查微观数据计算的城市人力资本使用的是 23~60 岁劳动力样本，计算方式为城市大专及以上学历劳动力占比。J-F 收入法计算的实际人均劳动力人力资本数据来自《中国人力资本报告》，单位为千元。

3.2 典型事实分析

与古典经济学、城市经济学、空间经济学和贸易理论相关的文献中（Eaton and Kortum, 2002; Fajgelbaum et al., 2019; Tombe and Zhu, 2019），中间投入和劳动投入被视为核心生产要素，这一设定在考虑地区和产业异质性的新经济地理理论、"新"新贸易理论和空间均衡模型中尤为重要。假定 c 城市 f 企业的生产函数为科布—道格拉斯生产函数形式：

$$Y_{fc} = A_{fc} M_{fc}^{\gamma_M} E_{fc}^{\gamma_E} K_{fc}^{\gamma_K} \tag{3.1}$$

其中，Y_{fc} 表示企业产出，A_{fc} 为生产率，M_{fc} 是可贸易的中间投入，劳动投入 $E_{fc} = \left[\lambda_{fc}^{1/\varepsilon} H_{fc}^{(\varepsilon-1)/\varepsilon} + (1 - \lambda_{fc})^{1/\varepsilon} L_{fc}^{(\varepsilon-1)/\varepsilon} \right]^{\frac{\varepsilon}{\varepsilon-1}}$。其中，$H_{fc}$ 和 L_{fc} 分别表示 c 城市 f 企业雇佣的高、低技能劳动力，包括劳动力数量和人力资本两个方面的信息，λ_{fc} 衡量了高技能劳动力的相对生产率和投入份额，参数 ε 等于高、低技能劳动力间的替代弹性。K_{fc} 为资本投入。

我们利用 1997—2020 年全国投入产出表提供的投入和产出信息，加总计算得到各类投入占总投入比重。从各类生产要素投入比重来看，中间投入占总投入比重最高，超过 60%。其次是劳动力成本，所占比重约为 20%。此结果意味着，中间投入品进口成本和劳动力成本是影响企业生产的关键因素。

基于此，3.2.1 小节和 3.2.2 小节将逐一刻画中间投入品进口成本和劳动力成本与人力资本空间分布间的典型事实，有助于第 4 章和第 5 章深入分析这两个要素成本对中国人力资本空间分布的影响，并解释我国人力资本集聚趋势。3.2.3 小节探讨城市人力资本经济效应的典型事实，为第 6 章量化中国人力资本空间分布的经济效应奠定了基础。

3.2.1 中间投入品进口成本与城市人力资本

本书以进口中间品关税作为中间投入品进口成本的代理变量，讨论了中间投入品进口成本对人力资本空间分布的影响。自加入世界贸易组织以来，中国进口中间品关税削减大幅降低了中间投入品进口成本，使得企业人力资本需求增加（Kasahara et al.，2016）。我们首先在理论上说明进口中间品关税和中间投入品进口成本间的关系。在开放经济下，c 城市 f 企业的中间投入 M_{fc} 是国产品和进口中间品的 CES 函数：

$$M_{fc} = \left[\mu_{fc}^{1/\rho} I_{fc,c}^{(\rho-1)/\rho} + (1-\mu_{fc})^{1/\rho} I_{fc,RoW}^{(\rho-1)/\rho} \right]^{\frac{\rho}{\rho-1}}$$

其中，$I_{fc,c}$ 表示国产品，价格为 $P_{fc,c}$。进口中间品 $I_{fc,RoW}$ 的价格由进口中间品关税 τ 和产品价格 $P_{fc,RoW}$ 共同构成，即 $(1+\tau) P_{fc,RoW}$。此外，μ_{fc} 衡量了国产品的相对生产率和投入份额，参数 ρ 等于国产品和进口中间品间的替代弹性。基于利润最大化原则可推导出中间投入品进口成本：

$$P_{fc} = \left[\mu_{fc} P_{fc,c}^{1-\rho} + (1-\mu_{fc})(1+\tau)^{1-\rho} P_{fc,RoW}^{1-\rho} \right]^{\frac{1}{1-\rho}}$$

因此，有 $\dfrac{\partial P_{fc}}{\partial \tau} > 0$ 成立。这意味着，进口中间品关税削减会降低中间投入品进口成本。基于此，我们利用进口中间品关税削减作为冲击，讨论中间投入品进口成本与城市人力资本间的关系。

虽然进口中间品关税削减发生在全国层面，但比较优势使得各城市受到的进口中间品关税冲击力度不同，即中间投入品进口成本变化存在空间差异。其一，离港口越近的城市，在贸易上的比较优势越大，中间投入品进口成本下降幅度更大，这和表 3.2 中的人力资本向东部沿海地区集聚的特征相符。图3.4绘制了城市人力资本变化与城市到最近港口距离之间的关系，散点大小表示城市期初人口规模。与上述分析一致，城市人力资本变化和城市到港口距离负相关，表明人力资本会向具有贸易比较优势的地区集聚。第6章将基于此结论搭建中间品关税影响人力资本空间分布的机制。

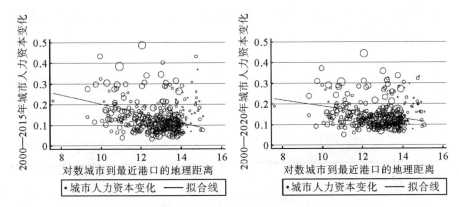

图3.4 贸易地理区位优势与城市人力资本变化

注：左图是使用人口普查微观数据计算出的城市人力资本，计算方法为城市23~60岁劳动力中大专及以上学历劳动力占比。右图是使用人口普查县级资料计算出的城市人力资本，计算方式为入学人口中大专及以上学历人口占比。其中，使用入学人口计算的城市人力资本指标包含教育投资等信息，但通过比较该指标的变化趋势，能在一定程度上反映我国近期人力资本空间分布特征。权重为2000年城市人口数。

其二，若地区产业结构偏向于进口中间品关税削减幅度较大的产业，该地区受到的进口中间品关税冲击越强，中间投入品进口成本变动越大，这为我们构造城市进口中间品关税指标提供了参考。首先，我们根据2002年全国投入产出表，将进口关税转化为进口中间品关税（Amiti and Konings，2007）：

$$\Delta input_{it} = \sum_{k} \alpha_{ik} \Delta import_{kt}$$

其中，α_{ik} 是由投入产出表计算得到的 i 行业从 k 行业购买的产品价值比，$import_{kt}$ 表示 k 行业 t 时期的进口关税，$\Delta input_{it}$ 表示 i 行业 t 时期的进口中间品关税与2000年基期之差。与 Bartik 工具变量构造方式类似，我们利用城市期初产业结构信息，加权计算得到城市进口中间品关税变化（Autor et al.，2013；Kovak，2013；张川川，2015）：

$$\Delta input_{ct} = \sum_{i} s_{ci, 2000} \Delta input_{it}$$

其中，$s_{ci,2000}$ 表示基期 2000 年时，c 城市内 i 行业就业人口占城市总就业人口比重，反映了城市期初产业结构。$\Delta input_{ct}$ 为 c 城市 t 时期的进口中间品关税变化，测度了各城市中间投入品进口成本变化情况。

图 3.5 绘制了城市进口中间品关税变化 $\Delta input_{ct}$ 和人力资本变化间的散点图。与预期一致，城市进口中间品关税和人力资本间存在负相关关系，意味着城市进口中间品关税削减幅度越大，中间投入品进口成本下降越多，城市人力资本增长越快。

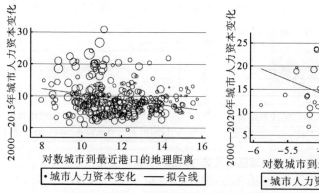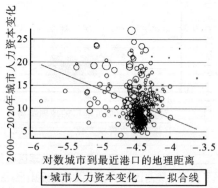

图 3.5　城市进口中间品关税与城市人力资本

注：左图是使用人口普查微观数据计算出的城市人力资本，计算方法为城市 23~60 岁劳动力中大专及以上学历劳动力占比。右图是使用人口普查县级资料计算出的城市人力资本，计算方式为入学人口中大专及以上学历人口占比。虽然使用入学人口计算的城市人力资本指标有教育投资等信息，所得回归结果会包含中间投入品进口成本对人力资本投入的影响，但该结果能在一定程度上反映中间投入品进口成本对我国近期人力资本空间分布的影响。权重为 2000 年城市人口数。

进一步，我们利用如下一阶差分模型验证中间投入品进口成本对城市人力资本影响的因果关系：

$$\Delta\,(H/N)_{ct} = \alpha + \beta\Delta input_{ct} + X_{ct}\Gamma + T_t + \varepsilon_{ct}$$

被解释变量 $\Delta\,(H/N)$ 为 c 城市 t 时期人力资本变化，进口中间品关税变化 $\Delta input_{ct}$ 为关注变量，衡量了城市层面的中间投入品进口成本变动。控制变量 X 包含城市对数人均 GDP 变化、城市期初人力资本、使用 Bartik 方式构造的城市出口关税变化。为了排除劳动力成本的潜在影响，我们控制了城市对数工资变化。T_t 表示时间虚拟变量，标准差 ε_{ct} 聚类在城市层面。

表 3.3 汇报了中间投入品进口成本对城市人力资本的影响。第（1）

列是使用 2000—2015 年人口普查微观数据计算出的城市人力资本的回归结果。结果显示，进口中间品关税的系数显著为负，说明进口中间品关税削减会显著提高城市人力资本，即中间投入品进口成本下降有助于提升城市人力资本。第（2）列加入了所有控制变量。可以看到，进口中间品关税变化的系数大小与显著性并未发生较大改变。第（3）—（4）列的被解释变量是使用 2000—2020 年人口普查分县资料计算的城市人力资本。回归结果显示，所得系数方向不变。从系数大小来看，第（2）列和第（4）列中 $\Delta input$ 的系数存在一定差异，原因是人口普查分县资料仅提供了六岁以上各种受教育程度人口信息，回归结果包含了中间投入品进口成本对教育决策和就业选择的影响。整体而言，表 3.3 的回归结果表明，中间投入品进口成本下降会显著提高城市人力资本。

基于此，本书在第 4 章利用进口中间品关税削减作为代理变量，深入分析中间投入品进口成本对城市人力资本的影响。

表 3.3　城市中间投入品进口成本对城市人力资本的影响

变量名称	(1) Δ (H/N)	(2) Δ (H/N)	(3) Δ (H/N)	(4) Δ (H/N)
$\Delta input$	−1.334 ***	−1.185 ***	−3.209 **	−6.126 ***
	(0.469)	(0.331)	(1.418)	(0.707)
控制变量	否	是	否	是
时间固定效应	是	是	是	是
观测值	846	846	646	640
R^2	0.354	0.644	0.376	0.854

注：***、**、*分别表示在1%、5%和10%的水平上显著，权重为城市基期人口数，标准差聚类在城市层面。被解释变量 Δ (H/N) 为城市人力资本变化。其中，第（1）—（2）列的城市人力资本由 2000—2015 年人口普查微观数据计算得到，第（3）—（4）列的城市人力资本由 2000—2020 年人口普查分县资料提供的入学人口信息计算得到。虽然使用入学人口计算的城市人力资本指标有教育投资等信息，所得回归结果包含中间投入品进口成本对人力资本投入的影响，但该结果能在一定程度上反映中间投入品进口成本对我国近期人力资本空间分布的影响。解释变量 $\Delta input$ 为城市进口中间品关税变化，是中间投入品进口成本的代理变量。控制变量有城市对数人均 GDP 变化、城市期初人力资本、城市出口关税变化和城市对数工资变化。

3.2.2 劳动力成本与城市人力资本

从空间视角看，高技能劳动力倾向于流入技能回报较高的地区，低技能劳动力偏好技能回报较低或者收入差距较小的地区（Borjas et al.，1992）。本书借助外生的政策冲击来识别劳动力成本与人力资本空间分布间的因果关系。考虑到企业社会保险（以下简称"社保"）缴费作为劳动力成本的重要构成，参考杜鹏程等（2021）和徐舒等（2022），本书以企业社保缴费基数负担作为代理变量，研究劳动力成本对人力资本空间分布的影响。

我国企业社保平均缴费金额的计算方式为社保缴费率乘以社保缴费基数。若企业平均月工资低于当地社保缴费基数下限，按照下限进行缴纳；若企业平均月工资高于当地社保缴费基数上限，按上限进行缴纳；若企业平均月工资处于社保缴费基数上、下限内，按企业平均月工资进行缴纳[①]。

理论上，企业雇佣高技能劳动力的成本包括工资率 W_{fc}^H 和社保缴费税率 $(1+\tau)SSC_{fc}^{\eta^H}$。其中，$\tau$ 表示企业社保缴费率，SSC_{fc} 是社保缴费基数负担，参数 η^H 为社保缴费基数负担对社保缴费税率的弹性。因此，企业雇佣高技能劳动力的边际成本为 $(1+\tau)SSC_{fc}^{\eta^H}W_{fc}^H$。同理，低技能劳动力的边际成本为 $(1+\tau)SSC_{fc}^{\eta^L}W_{fc}^L$。结合式（3.1），根据利润最大化便可推导出企业人力资本需求，即对数高、低技能劳动力之比：

$$\ln(H_{fc}/L_{fc}) = -\varepsilon\ln(W_{fc}^H/W_{fc}^L) - \varepsilon(\eta^H - \eta^L)\,ssc_{fc} + \ln\left(\frac{\lambda_{fc}}{1-\lambda_{fc}}\right)$$

其中，ssc_{fc} 表示对数社保缴费基数负担。均衡条件下，社保缴费基数负担会提高企业雇佣高、低技能劳动力的成本。由于低技能劳动力收入水平较低，其受社保缴费基数负担的影响更强，有 $0<\eta^H<\eta^L$ 成立，这和本书第5章使用空间均衡模型估计出的结果一致。利用一阶导数可推导出 $\dfrac{\partial\ln(H_{fc}/L_{fc})}{\partial\,ssc_{fc}} > 0$，意味着社保缴费基数负担会提高企业高技能劳动力占比，人力资本需求随之改变。我国于2019年实施的《降低社会保险费率综合方案》大幅降低了社保缴费基数负担，并且东部地区社保缴费基数负

---

① 社保缴费基数下限等于社保缴费基数的60%，上限等于社保缴费基数的300%。2019年《降低社会保险费率综合方案》实施前，社保缴费基数等于上年度非私营单位平均工资；实施后，修改为上年度私营和非私营单位的全口径平均工资。

担下降幅度更大。结合人力资本空间分布特征，上述政策有助于减缓人力资本朝东部地区集聚的趋势。

与已有文献一致（杜鹏程 等，2021；徐舒 等，2022），本书使用社保缴费基数下限 *lowline* 与最低工资 *mw* 的比值来度量社保缴费基数负担 *SSC*。理论上，*SSC* 取值越大，企业雇佣低技能劳动力的相对成本越高，此时企业的高技能劳动力相对需求增加，城市人力资本随之提高。本书选择社保缴费基数下限与最低工资比值来衡量社保缴费基数负担的原因有四：第一，与社保缴费率相比，各地区社保缴费基数下限增幅较大。数据显示，2005—2015 年，社保缴费基数下限从 645.62 元攀升至 2290.04 元，且存在明显的地区间异质性。同期，企业社保缴费率仅下降了约 1 个百分点，地区间企业社保缴费率也基本相等。第二，劳动力市场主要受社保缴费基数下限的影响，社保缴费基数上限的影响有限。2008—2011 年税收调查数据显示，平均工资高于社保缴费基数上限的企业仅有 2.17%（徐舒 等，2022）。第三，社保缴费基数下限远高于最低工资这一地区名义工资下限，意味着企业雇佣低收入、低技能劳动力的成本受社保缴费基数下限的影响较大。数据显示，全国平均最低工资从 2005 年的 354.47 元提高至 2015 年的 1190.80 元，约为同期社保缴费基数下限的一半。第四，使用社保缴费基数下限与最低工资的比值能够消除地区间收入差距带来的名义社保缴费基数负担差异。

本书仅使用 2005—2015 年人口普查微观数据进行实证分析，避免了中间投入品进口成本和社保缴费基数核定标准改革带来的影响。一方面，2002 年中国加入世界贸易组织带来的进口中间品关税削减大幅降低了中间投入品进口成本。另一方面，2019 年实施的《降低社会保险费率综合方案》调整了企业社保缴费基数核定标准，使得 2019 年前后的企业社保缴费基数负担存在较大差异。因此，使用 2005—2015 年的人口普查数据能够尽可能避免上述影响。图 3.6 绘制了社保缴费基数负担和城市人力资本的散点图。结果显示，社保缴费基数负担和城市人力资本正相关，说明高技能劳动力相对成本下降或低技能劳动力相对成本提高，会增加企业人力资本需求。该结果为第 5 章分析劳动力成本对人力资本空间分布的影响提供了现实依据。

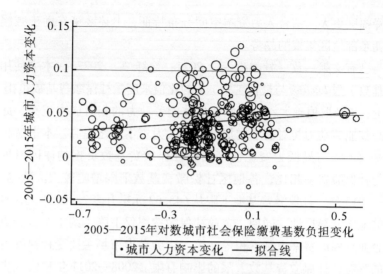

图 3.6　社会保险缴费基数负担与城市人力资本

注：横轴为使用 2005 年和 2015 年数据计算出的城市社保缴费基数负担变化，纵轴为使用 2005 年和 2015 年人口普查微观数据计算出的城市人力资本变化。其中，社保缴费基数负担等于企业社保缴费基数下限与最低工资的比值，是劳动力成本的代理变量。权重为基期城市人口数。

本书设定如下差分模型来验证劳动力成本对人力资本空间分布的影响：

$$\Delta (H/N)_c = \alpha + \beta \Delta ssc_c + X_c \Gamma + \varepsilon_c$$

关注变量 $\Delta ssc_c = ssc_{c,2015} - ssc_{c,2005}$ 为 c 城市的对数企业社保缴费基数负担变化，是劳动力成本的代理变量。控制变量 X 包含城市对数工资变化、城市对数人均 GDP 变化和城市期初人力资本。为了排除中间投入品进口成本的影响，我们还控制了使用 Bartik 方式构造的城市进口中间品关税变化。ε_c 为误差项。

表 3.4 展示了企业社保缴费基数负担对城市人力资本的回归结果。第（1）列结果显示，Δssc 的系数显著为正，说明企业社保缴费基数负担和城市人力资本间存在相关关系。第（2）列加入了所有控制变量，所得系数大小和显著性均未发生较大改变。

表 3.4 使用线性回归的方式初步验证了劳动力成本和城市人力资本间的关系。考虑到人力资本供求均衡会影响劳动力成本，由此产生的内生性问题使得回归系数存在偏误。更重要的是，劳动力成本是劳动力价格的休

现，意味着劳动力成本不仅影响企业人力资本需求，还会影响人力资本供给，故线性回归结果包含劳动力成本对人力资本供给和需求的双重影响。鉴于此，本书第5章将企业社保缴费基数负担作为代理变量，通过构建空间均衡模型并考虑劳动力成本的内生性问题，研究了劳动力成本对人力资本空间分布的影响。

表 3.4　劳动力成本对城市人力资本的影响

变量名称	(1) Δ（H/N）	(2) Δ（H/N）
Δssc	0.012* （0.007）	0.013* （0.007）
控制变量	否	是
观测值	264	264
R^2	0.009	0.044

注：***、**、* 分别表示在 1%、5% 和 10% 的水平上显著，权重为城市基期人口数，括号内为稳健异方差标准误。被解释变量 Δ（H/N）为 2015 年和 2005 年的城市人力资本之差，解释变量 Δssc 为对数企业社保缴费基数负担变化。控制变量包含城市对数工资变化、城市对数人均 GDP 变化、城市期初人力资本和城市进口中间品关税变化。

3.2.3　城市人力资本的重要作用

人力资本是促进经济增长的重要因素（Glaeser and Shapiro，2003；Lucas，1988）。接下来，我们以经济增长为切入点，进一步讨论城市人力资本的重要作用，这有助于后续量化人力资本空间分布的经济效应。图 3.7 刻画了城市人力资本和 GDP 间的关系。可以看出，人力资本增长越快的城市，未来 GDP 提升幅度越大。

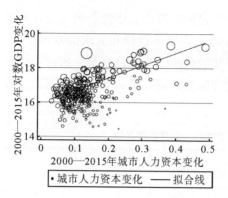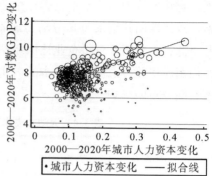

图 3.7 城市人力资本驱动城市经济增长

注：左图是使用人口普查微观数据计算出的城市人力资本，计算方法为城市 23～60 岁劳动力中大专及以上学历劳动力占比。右图是使用人口普查县级资料计算出的城市人力资本，计算方式为入学人口中大专及以上学历人口占比。虽然使用入学人口计算的城市人力资本指标有教育投资等信息，所得回归结果包含人力资本投入对经济增长的影响，但该结果能在一定程度上反映我国近期城市人力资本对城市经济增长的影响。权重为 2000 年城市人口数。

本书使用如下回归模型设定来厘清城市人力资本与经济增长间的关系：

$$\Delta \ln g dp_{ct} = \alpha + \beta \Delta (H/N)_{ct} + X_{ct} \Gamma + \varepsilon_{ct}$$

其中，被解释变量 $\Delta \ln g dp_{ct} = \ln g dp_{ct} - \ln g dp_{c,2000}$ 表示 c 城市 t 时期对数 GDP 变化，关注变量 $\Delta (H/N)_{ct}$ 为城市人力资本变化。控制变量 X 包含城市期初对数人口数、对数专利数、对数投资、对数 FDI、对数工资、对数小学教育经费投入、对数医院数、对数医院床位数、对数医生数、二三产业增加值之比，以及时间固定效应（戴琼瑶 等，2021；夏怡然和陆铭，2019）。标准差 ε_{ct} 聚类在城市层面。

表 3.5 展示了城市人力资本对城市经济增长的回归结果。第（1）列结果显示，城市人力资本的回归系数显著为正，说明城市人力资本与经济增长间存在正相关关系。控制城市特征后，第（2）列估计结果显示，城市人力资本每提高 1 个百分点，城市 GDP 提高 1.11%。与使用人口普查分县资料计算的城市人力资本相比，关注变量的系数符号方向和显著性不发生改变，具体如第（3）—（4）列所示。

空间视角下，人力资本在城市间的再配置是一个零和过程，即人力资本空间分布变动必然意味着部分城市人力资本提高，但剩余城市人力资本下降。图 3.7 和表 3.5 虽然展示了城市人力资本对城市经济增长的促进作用，但难以从配置效率角度量化人力资本空间分布对经济增长的影响。鉴于此，本书在第 6 章通过构建空间均衡模型来评估优化人力资本空间分布对经济增长的影响，并量化要素成本通过人力资本空间分布这一渠道带来的经济效应。

表 3.5　城市人力资本与城市经济增长

变量名称	(1) $\Delta\ln gdp$	(2) $\Delta\ln gdp$	(3) $\Delta\ln gdp$	(4) $\Delta\ln gdp$
$\Delta\ (H/N)$	1.443***	1.113**	2.436***	4.446***
	(0.399)	(0.485)	(0.428)	(0.854)
控制变量	否	是	否	是
观测值	729	729	492	492
R^2	0.836	0.849	0.995	0.995

注：***、**、* 分别表示在 1%、5% 和 10% 的水平上显著，权重为城市基期人口数，标准差聚类在城市层面。被解释变量 $\Delta\ln gdp$ 为城市对数 GDP 变化，解释变量 $\Delta\ (H/N)$ 为城市人力资本变化。其中，第 (1) — (2) 列的城市人力资本由 2000—2015 年人口普查微观数据计算得到，第 (3) — (4) 列的城市人力资本由 2000—2020 年人口普查分县资料提供的入学人口信息计算得到。虽然使用入学人口计算的城市人力资本指标有教育投资等信息，所得回归结果将包含教育投入对经济增长的影响，但该结果能在一定程度上反映我国近期城市人力资本对城市经济增长的影响。控制变量包含城市期初对数人口数、对数专利数、对数投资、对数 FDI、对数工资、对数小学教育经费投入、对数医院数、对数医院床位数、对数医生数、二三产业增加值之比，以及时间固定效应。

3.3　本章小结

本章重点考察我国人力资本空间分布的特征事实，所得结论为后续理论分析和实证研究奠定了基础。本章使用 2000—2015 年人口普查微观数据和 2000—2020 年中国人口普查县级资料，利用大专及以上学历劳动力占比衡量城市人力资本。后文将利用该指标分解城市人力资本来源，并在空间均衡框架下讨论人力资本空间分布的影响因素与经济效应。在稳健性检验中，该指标与使用 J-F 收入法计算出的地区人力资本基本一致。从静态角度看，中国人力资本呈现东高西低的特征，并且大城市人力资本普遍较高。在动态演进视角下，我国城市间人力资本差距逐渐拉大，人力资本整体呈现出朝东部沿海地区集聚的趋势。同时，人力资本还会向历史人力资本积累丰厚地区集聚，即人力资本在空间上具有分化特征。

本章利用投入产出表论证了中间投入和劳动投入在企业生产过程中的重要性。在此基础上，我们首先利用进口中间品关税削减作为代理变量，讨论中间投入品进口成本和人力资本空间分布间的关系，为第 4 章的实证分析和第 6 章的理论模型构建奠定现实基础。本章从人力资本向东部地区集聚的基本事实出发，发现港口城市会吸引人力资本集聚。利用城市期初产业结构差异，我们参考 Bartik 工具变量方法构造了城市进口中间品关税指标，发现进口中间品关税削减幅度越大的城市，人力资本增长幅度越大。上述两个结论均证明，中间投入品进口成本会改变人力资本空间分布。其次，本章以社保缴费基数负担作为代理变量，分析了劳动力成本和人力资本空间分布间的关系，为第 5 章和第 6 章的研究提供了依据。劳动力成本是改变人力资本空间分布的重要力量。由于劳动力成本和人力资本供求相互影响，本章利用社保缴费基数作为劳动力成本的代理变量，发现城市社保缴费基数负担越高，低技能劳动力相对成本越高，高技能劳动力相对需求随之改变，初步验证了劳动力成本和城市人力资本间的相关关系。最后，描绘了城市人力资本与经济增长间的关系，为量化人力资本空间分布的经济效应打下基础。本章绘制了城市人力资本和 GDP 间的散点图，发现城市人力资本和经济增长间存在正相关关系，该结果为研究城市人力资本对城市经济增长的作用提供了依据。基于此，本书第 6 章将构建空间均衡模型，讨论优化人力资本空间分布对整体经济增长的影响，并量化要素成本通过人力资本空间分布这一渠道带来的经济效应。

4 中间投入品进口成本对人力资本空间分布的影响

4.1 概述

中间投入品作为企业生产过程中的关键要素，在国民经济核算体系中占有重要地位。第 3 章的特征事实分析表明，中间投入品进口成本空间差异改变了我国人力资本空间分布。由于各城市中间投入品进口成本难以直接衡量，本章利用进口中间品关税作为代理变量，讨论了中间投入品进口成本对人力资本空间分布的影响。

随着产业链分工细化以及全球化程度加深，地区间的生产联系逐渐紧密。现阶段，以中间投入为载体的生产要素的流动，即中间品贸易，在国际贸易中占据了重要地位（Hanson et al.，2003；余森杰和高恺琳，2021）。自我国加入世界贸易组织以来，进口中间品关税大幅下降，企业生产所需的中间投入品进口成本降低，要素投入结构随之改变。在此背景下，中间投入品进口成本如何影响企业人力资本需求？中间投入品进口成本的空间差异是否会改变人力资本空间分布，其解释力有多大？随着贸易政策变动，我国人力资本向东部沿海地区集聚的趋势是否会发生改变？回答上述问题可以帮助我们深入理解如何通过降低中间投入品进口成本来调整人力资本空间分布。

本书以进口中间品关税削减作为中间投入品进口成本的代理变量，讨论了中间投入品进口成本空间差异推动的人力资本空间分布变化。现有研究指出，进口中间品关税削减或者中间投入品进口成本下降，会通过要素替代和技术进步增加高技能劳动力相对需求（Acemoglu，2003；Harrigan et al.，2021），表现为城市人力资本提高（Chen et al.，2017；Goldberg and Pavcnik，2007）。同时，城市间产业结构差异使得各城市受到的进口中间品关税冲击强度不同（Dix‐Carneiro and Kovak，2017；Goldberg et al.，2010；Kovak，2013）。结合人口普查微观数据发现，进口中间品关税削减带来的中间投入品进口成本空间差异，是造成中国人力资本空间分布变动的重要原因。实证结果表明，城市进口中间品关税每下降 1 个百分点，城市人力资本提高 0.78 个百分点，能解释城市间人力资本变动的 15.10%。考虑内生性问题以及其他可能影响估计结果的因素后，本章的研究结论依然成立。结合城市生产率、专利申请和被引证信息以及工商注册数据，我们发现技术进步是中间投入品进口成本起作用的关键渠道。同时，使用 2004 年经济普查数据和劳动力流动信息，验证了人力资本需求和流动两个机制。此外，城市人力资本提升的来源是吸引其他城市高技能劳动力流入、减缓本城市高技能劳动力流出。最后，中间投入品进口成本下降会推动人力资本向具有贸易区位优势和历史人力资本积累丰厚的城市集聚，造成城市间人力资本差距拉大；城市落户门槛和更灵活的劳动力市场会强化中间投入品进口成本对城市人力资本的影响。

　　本章的边际贡献可归结如下。第一，已有文献主要从供给视角考察人力资本流动的影响因素，而从需求视角出发的文献多讨论技术进步带来的影响，对中间投入品进口成本的重视不足。本章以进口中间品关税为代理变量，考察中间投入品进口成本空间差异推动的人力资本空间分布变动，有助于扩宽人力资本要素配置的研究视角。第二，本章从中间投入品进口成本角度解释了我国人力资本空间分布。在产业链分工细化和共建"一带一路"的背景下，本章的研究为政府制定符合当前环境和市场趋势的人力资本要素配置政策提供了理论支撑。第三，本章利用丰富的宏微观数据检验了中间投入品进口成本起作用的机理，有助于明晰中间投入品进口成本和国际贸易影响劳动力市场的途径，也为解释中国大规模劳动力和人力资本流动现象提供了参考。

4.2 研究假说

由于城市中间投入品的成本难以观测，现有文献通常利用进口中间品关税作为代理变量，来分析中间投入品进口成本对劳动力市场的影响。中间投入品进口成本影响企业人力资本需求的渠道有二：一是促进企业技术进步；二是中间投入与不同技能劳动力间的替代弹性差异。进一步，地区间人力资本需求会影响人力资本流动方向，进而改变人力资本空间分布。

进口中间品关税削减引致的中间投入品的成本下降有利于扩宽中间品种类、提升产品质量，进而带来技能偏向性技术进步，企业人力资本需求随之提升（Acemoglu，2003；Fieler et al.，2018；Halpern et al.，2015）。例如，Kasahara et al.（2016）利用1996—2006年印度尼西亚工业企业调查数据发现，企业的进口行为会带来技能偏向性技术进步，使企业高技能劳动力占比提高70~99个百分点。与资本-技能互补假说类似，中间投入与低技能劳动力间的替代效应强于中间投入和高技能劳动力间的替代效应（Kiyota and Kurokawa，2019），意味着中间投入品成本下降会增加企业的高技能劳动力相对需求（Burstein et al.，2013；Parro，2013；Raveh and Reshef，2016）。

基于比较优势理论和新经济地理理论等，城市间产业结构差异使得各城市面临的关税削减幅度不同（Dix-Carneiro and Kovak，2017；Kovak，2013）。具体地，若城市产业集中于关税削减较多的行业，其承担的进口关税削减幅度越大，相应的中间投入品进口成本下降幅度越大，人力资本需求变动越多。因此，中间投入品进口成本将改变人力资本空间分布（Pavcnik，2002；Topalova，2010）。

基于此，本章提出如下研究假说：中间投入品进口成本下降会通过技术进步、与低技能劳动力更强的替代效应来增加企业人力资本需求。由于人力资本能够在城市间流动，中间投入品进口成本下降幅度越大的城市，人力资本提升越快。在空间均衡视角下，探讨中间投入如何通过人力资本需求改变我国人力资本空间分布，仍具有理论和政策价值。

4.3 指标构造与描述统计

4.3.1 数据来源

本章使用的数据包括劳动力数据和进出口关税数据。其中，劳动力数据来自 2000 年第五次人口普查和 2010 年第六次人口普查 0.1% 的随机样本，以及 2005 年和 2015 年全国 1% 人口抽样调查数据的再抽样。为简便起见，我们将上述数据统称为人口普查数据。这四次人口普查数据不仅含有受访者的受教育程度、流动情况等基本个人特征，还提供了工作状况、工作所属行业等详细的就业信息，能有效测量全国各城市在不同时间段的人力资本。

关税数据来源于世界银行网站提供的 UNCTAD-TRAINS 数据库，该数据库涵盖了 HS 编码分类的世界各国商品进出口关税数据，可用于构造城市进出口关税。在将 HS 编码转化到特定行业的过程中，本章首先将六位 HS 编码转换为四位国际标准工业分类码（ISIC），继而将之转换为中国国民经济行业分类（GB/T 4754），最终得到了与人口普查数据行业代码一致的进出口关税信息。

4.3.2 指标构造

（1）城市人力资本

本章将地级市视为一个局部劳动力市场（Topalova，2010；张川川，2015），采用 c 城市 t 时间的高技能劳动力 H_{ct} 占总劳动力 N_{ct} 之比衡量城市人力资本 hc_{ct}，单位为%（Broxterman and Yezer，2020；Moretti，2012；夏怡然和陆铭，2019）。城市总劳动力 N_{ct} 等于高技能劳动力 H_{ct} 与低技能劳动力 L_{ct} 之和。其中，高技能劳动力是指大专及以上学历的劳动力，受教育水平在高中及以下的劳动力记为低技能劳动力（Berry and Glaeser，2005；Diamond，2016；张萃，2019）。同时，本章将劳动力年龄限制在 18 至 60 岁，删除了在校读书和无劳动意愿的样本。

（2）城市中间投入品进口成本的测度

本章以进口中间品关税作为中间投入品进口成本的代理变量。其中，城市进口中间品关税的构造方式与 3.2.1 小节一致。具体而言，参考 Amiti and Konings（2007）、毛其淋和许家云（2016），我们利用中国 2002 年投入产出表提供的各行业中间投入份额信息，采用如下加权平均的方式计算得到行业进口中间品关税指标：

$$input_{it} = \sum_k \alpha_{ik} import_{kt}$$

其中，$input_{it}$ 表示 i 行业 t 时期的进口中间品关税，单位为%；α_{ik} 是由 2002 年投入产出表计算得到的 i 行业从 k 行业购买的产品价值比；$import_{kt}$ 为 k 行业 t 时期的进口关税。本章参考 Bartik 工具变量构造方式，以城市基期时的产业结构特征为权重，将行业进口中间品关税转化为城市进口中间品关税（Autor et al.，2013；Fan et al.，2020；Kovak，2013；张川川，2015）：

$$input_{ct} = \sum_i \frac{N_{ci, 2000}}{N_{c, 2000}} input_{it} \tag{4.1}$$

其中，$N_{ci, 2000}$ 表示基期 2000 年 c 城市 i 行业的劳动力数，$N_{c,2000}$ 为 2000 年 c 城市的劳动力数。c 城市 t 时期的进口中间品关税 $input_{ct}$ 取值越大，城市面临的关税水平越高，中间投入品进口成本也越高。权重 $N_{ci, 2000}/N_{c, 2000}$ 衡量了 2000 年基期时，c 城市中 i 行业的就业占比，反映城市间的产业结构差异。如式（4.1）所示，城市期初产业结构差异是城市进口中间品关税的变异性来源：如果 2000 年 c 城市的劳动力集中于进口中间品关税变动较大的行业，那么 c 城市面临的进口中间品关税冲击更强；反之，面临的进口中间品关税冲击越弱（McCaig，2011）。

4.3.3 模型设定

本章采用如下差分模型讨论中间投入品进口成本对人力资本空间分布的影响：

$$\Delta hc_{ct} = \alpha + \beta \Delta input_{ct} + X_{ct}\Gamma + T_t + \varepsilon_{ct} \tag{4.2}$$

被解释变量 $\Delta hc_{ct} = hc_{ct} - hc_{c, 2000}$ 为 c 城市 t 年的人力资本 hc_{ct} 与基期人力资本 $hc_{c, 2000}$ 之差。城市进口中间品关税变化 $\Delta input_{ct} = input_{ct} - input_{c, 2000}$ 为 c 城市 t 年的进口中间品关税与基期之差，反映中间投入品进口成本的空间差异。参数 β 衡量了进口中间品关税引致的城市人力资本变化。理论上，进口中间品关税削减通过技术进步和要素替代提高了人力资本需求，参数 β 的取值应小于零。

控制变量 X_{ct} 为城市 c 的基本特征，共包括五个部分：第一，城市出口

关税变化 $\Delta export_{ct}$，构造方式与式（4.1）一致：以期初城市产业结构特征为权重，使用行业出口关税加权计算得到城市出口关税指标。加入出口关税不仅能控制贸易出口扩张带来的产品市场扩大和劳动力需求提升，还能排除两国间贸易互惠条款造成的出口关税和进口关税间的相关性问题。第二，为了排除被解释变量事前趋势的影响，本章控制了被解释变量的期初值，即城市基期人力资本 hc_{2000}。同时，加入城市基期人力资本还能排除城市期初产业结构技能偏向带来的人力资本集聚，保证式（4.1）使用 Bartik 工具变量方式构造的城市进口中间品关税的外生性（Li，2018）。第三，通过加入城市人均 GDP 变化 $\Delta \mathrm{ln} gdppc$，本章排除了城市经济发展相关因素对劳动力市场结构的影响。第四，控制城市基期人口特征，包括文盲率 *illiteracy*、少数民族占比 *minority* 和非农业户口占比 *nonagri*，单位均为%。借此排除城市期初劳动力市场结构可能造成的影响。第五，为排除区域政策导致的地区间人力资本差异，本章控制了省份虚拟变量。此外，我们控制了时间虚拟变量 T_t。ε_{ct} 是误差项，标准差聚类在城市层面以控制序列相关和异方差问题。权重为城市基期人口数。

4.3.4 描述统计

表 4.1 展示了本章主要变量的描述统计结果。可以看出，平均城市人力资本逐年提高。具体地，2000 年基期时平均城市人力资本为 5.31，2005 年较之提高了 2.22。2015 年，平均城市人力资本提高了 8.88，达到 14.2。城市人力资本变化 Δhc_{ct} 的标准差和极差较大。数据显示，2000—2015 年，城市人力资本变化的最小值和最大值分别为 −2.11 和 30.83，意味着人力资本空间分布出现了较大改变。同时，Δhc_{ct} 的最小值小于零，表明在全国人力资本提升的背景下，部分城市存在人力资本流失现象。类似地，2000—2015 年，城市进口中间品关税变化的标准差为 0.50，意味着进口中间品关税存在空间差异。表 4.1 的结果表明，城市人力资本变化 Δhc 以及城市进口中间品关税变化 $\Delta input$ 在空间上存在变异性，这为识别中间投入品进口成本与人力资本空间分布间的因果关系提供了可能性①。

---

① 全国人力资本总量在同一时期内不变，部分城市人力资本提升往往伴随着其他城市人力资本下降。因此，中间投入品进口成本的空间差异会改变人力资本空间分布。

表 4.1 主要变量描述统计结果

变量	观测值	均值	标准差	最小值	最大值
Δhc_{2005}	282	2.220	2.358	−5.604	13.958
Δhc_{2010}	282	4.972	3.123	−1.025	16.813
Δhc_{2015}	282	8.882	5.061	−2.113	30.830
$\Delta input_{2005}$	282	−3.834	0.508	−5.005	−2.754
$\Delta input_{2010}$	282	−4.054	0.475	−5.175	−3.022
$\Delta input_{2015}$	282	−4.249	0.496	−5.382	−3.079
$\Delta export_{2005}$	282	−1.425	0.556	−3.550	0.391
$\Delta export_{2010}$	282	−1.297	0.481	−3.210	0.121
$\Delta export_{2015}$	282	−1.875	0.574	−3.515	0.142
hc_{2000}	282	5.313	3.703	0.751	24.155

注：城市人力资本 hc 的度量方式为城市大专及以上学历劳动力占比，单位为%。Δhc_t 等于了 t 期城市人力资本与基期城市人力资本之差。$\Delta input$ 和 $\Delta export$ 分别表示城市进口中间品关税变化和出口关税变化，单位均为%。

4.4 实证结果

4.4.1 基准回归结果

表 4.2 报告了基准回归结果。第（1）列是城市进口中间品关税变化对城市人力资本变化回归的结果，控制变量包括时间固定效应，以此排除全国层面不可观测因素的干扰。结果显示，城市进口中间品关税变化 $\Delta input$ 的估计系数显著为负，表明城市进口中间品关税削减有助于提高城市人力资本。换言之，城市中间投入品进口成本下降会提高城市人力资本。从系数大小来看，城市进口中间品关税每下降 1 个百分点，城市人力资本提升 1.33 个百分点。第（2）列在第（1）列的基础上加入出口关税变化 $\Delta export$ 和城市基期人力资本 hc_{2000}，排除了出口扩张引致的劳动力需求增加以及期初人力资本的影响。第（3）列进一步引入城市对数人均 GDP 变化 $\Delta \ln gdppc$ 和劳动力市场特征，借此控制城市经济发展和劳动力市

场结构相关因素的影响，所得系数基本不发生变化。第（4）列加入了所有控制变量。估计结果显示，城市进口中间品关税每下降 1 个百分点，城市人力资本提高 0.78 个百分点。

本章基于第（4）列的估计结果，测算中间投入品进口成本对人力资本空间分布的解释力。在空间均衡视角下，人力资本在地区间的流动是一个零和过程，即人力资本从某一城市流入必然伴随着从另一城市流出。因此，本章通过比较城市间进口中间品关税差异引起的人力资本变化来计算解释力（张明志和岳帅，2022）。就 2000—2015 年进口中间品关税下降前 5% 和后 5% 的城市而言，其进口中间品关税变动幅度分别为 -4.98 和 -3.35。这意味着，与进口中间品关税下降较少的城市相比，进口中间品关税下降较多的城市的人力资本提高了 1.27。结合两城市的真实人力资本差异 8.41 可知，进口中间品关税下降能够解释人力资本空间分布变动的 15.10%[①]。因此，中间投入品进口成本是影响我国人力资本分布的重要因素。

从控制变量系数来看，出口关税变化 $\Delta export$ 的回归系数为负，说明出口关税削减带来的出口扩张有助于提升城市人力资本，但影响并不显著。造成这一结果的原因是，出口关税削减会同时促进高、低技能产品出口，二者的影响相互抵消（Li，2018）。城市期初人力资本 hc_{2000} 的系数显著为正，表明期初人力资本越高的城市，未来人力资本增长速度越快，符合人力资本分化这一特征事实（Moretti，2012；梁文泉和陆铭，2015）。城市人均 GDP 变化 $\Delta \ln gdppc$ 的系数显著为正，说明地区人力资本需求随着经济发展程度提高而增多。与人力资本分化类似，城市期初文盲率 $illiteracy$ 的系数显著为负。城市期初少数民族占比 $minority$ 的系数不显著，表明人口的民族构成不影响人力资本空间分布。城市期初非农业户口占比 $nonagri$ 的系数显著为正，说明城镇化进程有助于提升城市人力资本。

---

① 进口中间品关税带来的城市间人力资本差异的计算公式为 $-0.782 \times [(-4.98) - (-3.35)] \approx 1.27$。结合两城市的真实人力资本差异 8.41，进口中间品关税对人力资本空间分布的解释力等于 $1.27/8.41$，约为 15.10%。

表 4.2　基准回归结果

变量名称	(1) Δhc	(2) Δhc	(3) Δhc	(4) Δhc
$\Delta input$	-1.334^{***}	-1.398^{***}	-1.441^{***}	-0.782^{**}
	(0.469)	(0.349)	(0.346)	(0.373)
$\Delta export$		0.759^{***}	0.535^{**}	-0.214
		(0.270)	(0.271)	(0.291)
hc_{2000}		0.656^{***}	0.622^{***}	0.399^{***}
		(0.045)	(0.091)	(0.124)
$\Delta \ln gdppc$			2.555^{***}	1.964^{***}
			(0.612)	(0.585)
$illiteracy$			-0.012	-0.132^{***}
			(0.031)	(0.046)
$minority$			-0.004	0.010
			(0.010)	(0.011)
$nonagri$			0.003	0.078^{***}
			(0.024)	(0.029)
省份固定效应	否	否	否	是
时间固定效应	是	是	是	是
观测值	846	846	846	846
R^2	0.354	0.616	0.632	0.713

注：***、**、* 分别表示在 1%、5% 和 10% 的水平上显著，权重为城市基期人口数，标准差聚类在城市层面。Δhc、$\Delta input$、$\Delta export$ 和城市劳动力市场特征变量的单位均为%。

4.4.2　内生性问题

本章使用城市期初产业结构和全国各行业关税构造了城市进口中间品关税指标。这一构造方式能排除逆向因果带来的内生性问题，原因是关税由贸易国共同决定，城市人力资本不影响全国各行业的关税变动。但是，中央政府为了保护全国产业发展且受进口竞争冲击越强的行业越有可能会寻求关税庇护，通过式（4.2）估计得到的结果可能存在偏误（赵春明等，2020）。

本章参考 Brandt et al.（2017），使用期初进口中间品关税衡量中国加入 WTO 协议时的最大关税，作为实际关税的工具变量。使用该变量的原因有二: 一是协议关税不存在时间变化趋势, 并且协议关税在中国加入 WTO 之前已然确定, 不受后续因素的干扰, 满足工具变量的外生性要求; 二是协议关税越高, 实际关税削减幅度越大 (Topalova, 2010), 并且实际关税削减是一个逐年降低的过程, 意味着工具变量与内生变量存在相关性。

基于上述思路, 我们使用各城市期初进口中间品关税 $input_{base}$ 作为工具变量, 具体回归结果如表 4.3 所示。第 (1) 列展示了第一阶段回归结果, 与预期一致, 城市期初进口中间品关税的回归系数显著为负, 说明城市期初进口中间品关税越高, 未来进口中间品关税削减幅度越大。并且, 弱工具变量检验 F 值大于 10, 说明不存在弱工具变量问题。第 (2) 列是工具变量回归结果。与基准回归结果相比, 工具变量回归得到的系数为 -0.67, 大于基准结果的 -0.78, 但仍处于同一数量级。总体上, 工具变量回归结果与基准回归结果一致, 表明中间投入品进口成本下降会促进城市人力资本提升。

表 4.3　工具变量回归结果

变量名称	(1) $\Delta input$	(2) Δhc
$input_{base}$	-0.453 *** (0.006)	
$\Delta input$		-0.669 * (0.387)
控制变量	是	是
省份固定效应	是	是
时间固定效应	是	是
观测值	846	846
R^2	0.982	0.390
弱工具变量检验 F 值	798.36	

注: ***、**、* 分别表示在 1%、5% 和 10% 的水平上显著, 权重为城市基期人口数, 标准差聚类在城市层面。第 (1) 列是第一阶段回归结果, 工具变量是城市期初进口中间品关税 $input_{base}$, 被解释变量为城市进口中间品关税变化 $\Delta input$。第 (2) 列是工具变量回归结果, 被解释变量是城市人力资本变化 Δhc。$input_{base}$、$\Delta input$ 和 Δhc 的单位均为%。

4.4.3 稳健性分析

本部分通过控制中间投入品进口成本的空间溢出效应、城市潜在劳动力需求与外国直接投资，排除劳动力需求冲击对估计结果的潜在影响。然后，在计算城市人力资本指标时考虑教育决策与人口结构变化，并使用人口普查分县资料来计算近期城市人力资本，进而验证城市人力资本指标的稳健性。

（1）控制中间投入品进口成本的空间溢出效应

从空间均衡视角看，r 城市人力资本需求增加，c 城市人力资本更倾向于流入 r 城市，意味着 r 城市的人力资本提升。因此，c 城市人力资本同时受本地中间投入品进口成本和其他地区中间投入品进口成本的影响，即中间投入品进口成本冲击存在空间溢出效应。理论上，直接使用 c 城市进口中间品关税削减指标对 c 城市人力资本变化进行回归，可能存在估计偏误。如果人力资本流出地和流入地的中间投入品进口成本冲击相等，c 城市的中间投入品进口成本冲击不改变城市人力资本。若只有 c 城市面临中间投入品进口成本冲击，回归结果低估了中间投入品进口成本的影响。因此，通过式（4.2）估计得到的结果可能存在偏误（Borusyak et al.，2022）。

本章分别从地理空间距离和相邻城市两个维度衡量其他城市中间投入品进口成本的影响，进而验证研究结论的稳健性。我们用城市间地理距离作为权重，计算得到其他城市中间投入品进口成本指标。具体构造方式如下：

$$input_{ct}^{dist} = \sum_{r \neq c} \frac{1}{d_{cr}} input_{rt}$$

其中，d_{cr} 表示 r 城市和 c 城市间的地理距离，$input_{ct}^{dist}$ 是使用地理空间距离加权计算得到的其他城市进口中间品关税，反映其他城市中间投入品进口成本的空间溢出效应。

我们还使用地理信息系统识别出与 c 城市接壤的其他城市 r，使用相邻城市的劳动力人数加权计算出相邻城市中间投入品进口成本冲击：

$$input_{ct}^{neighbor} = \sum_{r \neq c} \theta_{cr0} input_{rt}$$

其中，权重 $\theta_{cr0} = \dfrac{N_{r0}}{\sum\limits_{r \neq c} N_{r0}}$，为邻近 r 城市的就业人数 N_{r0} 占邻近城市总就业

人数 $\sum\limits_{r \neq c} N_{r0}$ 的比重，$input_{ct}^{neighbor}$ 为 c 城市 t 时期相邻城市进口中间品关税指

标，是相邻城市中间投入品进口成本的代理变量。

表4.4第（1）—（2）列展示了控制其他城市进口中间品关税冲击后的回归结果。第（1）列在基准回归模型式（4.2）的基础上，进一步控制了使用地理距离加权计算得到的其他城市进口中间品关税变化 $\Delta input^{dist}$。结果显示，城市进口中间品关税每下降1个百分点，城市人力资本提高0.80个百分点，与基准结果基本相等。第（2）列控制了相邻城市进口中间品关税变化 $\Delta input^{neighbor}$ 的影响，关注变量 $\Delta input$ 的系数和显著性基本不发生改变。

整体而言，表4.4第（1）—（2）列的估计结果表明，在控制中间投入品进口成本的空间溢出效应后，关注变量系数的符号方向不发生改变，大小基本不发生改变，故中间投入品进口成本下降有助于提升城市人力资本，本章的基本结论具有稳健性。

表4.4　稳健性分析结果：排除劳动力需求冲击的潜在影响

变量名称	（1） Δhc	（2） Δhc	（3） Δhc	（4） Δhc
$\Delta input$	−0.803 ** （0.377）	−0.759 ** （0.382）	−0.749 ** （0.372）	−0.760 * （0.398）
$\Delta input^{dist}$	−1.229 （0.955）			
$\Delta input^{neighbor}$		0.134 （0.405）		
Δshk			−12.233 ** （5.253）	
$\Delta \ln fdi$				−0.233 *** （0.068）
控制变量	是	是	是	是
省份固定效应	是	是	是	是
时间固定效应	是	是	是	是
观测值	846	846	846	738
R^2	0.714	0.714	0.715	0.728

注：*** 、** 、* 分别表示在1%、5%和10%的水平上显著，权重为城市基期人口数，标准差聚类在城市层面。第（1）—（2）列加入了其他城市进口中间品关税冲击 $\Delta input^{dist}$ 和相邻城市进口中间品关税冲击 $\Delta input^{neighbor}$，第（3）列和第（4）列分别控制了城市潜在劳动力需求冲击 Δshk 和外国直接投资变化 $\Delta \ln fdi$。Δhc、$\Delta input$、$\Delta input^{dist}$ 和 $\Delta input^{neighbor}$ 的单位均为%。

（2）控制城市劳动力需求与外国直接投资

使用式（4.1）构造的城市进口中间品关税指标依赖于城市期初行业结构特征。如果城市期初产业偏向和全国产业发展偏向一致，全国各行业发展差异也会反映到城市劳动力需求上。为排除此影响，本章使用城市×行业层面的就业信息，构造了城市潜在劳动力需求指标：

$$\Delta shk = \sum_i \frac{N_{ci, 2000}}{N_{c, 2000}} \Delta N_{-cit}$$

其中，$N_{ci, 2000}$是 c 城市 i 行业的期初就业人数，$N_{c, 2000}$ 为 c 城市期初就业人数，N_{-cit}表示除城市 c 以外，其他城市的 i 行业各年就业人数。指标 Δshk 不包括城市自身的劳动力需求信息，常被用于衡量外生劳动力需求变化（Bartik，1991；Notowidigdo，2020）。因此，控制 Δshk 有助于剥离城市劳动力需求对估计结果的潜在影响，使估计方程能更为准确地识别中间投入品进口成本对人力资本空间分布的影响。表 4.4 第（3）列展示了控制城市潜在劳动力需求变化 Δshk 后的估计结果。可以看出，城市进口中间品关税的回归系数为-0.75，与基准回归结果-0.78 十分接近，表明本章结论具有稳健性。

中间投入品进口成本下降有助于降低企业生产成本，与之相伴随的是对外资吸引力提升。Aghion et al.（2009）等研究指出，外国直接投资具有技术偏向性，城市人力资本需求随之增加。对此，表 4.4 第（4）列加入了城市对数外国直接投资 $\Delta \ln fdi$。回归结果显示，在排除外国直接投资造成的人力资本需求变动后，城市进口中间品关税每下降 1 个百分点，城市人力资本提高 0.76 个百分点，与基准回归结果保持一致，进一步证实了研究结论的稳健性。

（3）排除教育决策与人口结构变化的影响

本章使用 18~60 岁的样本计算城市人力资本，但个体在 18 岁时面临是否上大学这一选择。理论上，城市进口中间品关税削减推动的人力资本需求增加会提高个人上大学的概率（Li，2018；赵春明 等，2020），导致 18~22 岁低技能就业人数下降。为了排除城市进口中间品关税削减通过改变适龄群体教育决策带来的城市人力资本变动，我们仅使用 23~60 岁的就业人口计算城市人力资本，回归结果如表 4.5 第（1）列所示。结果显示，城市进口中间品关税每下降 1 个百分点，城市人力资本提升 0.72 个百分点，与基准结果保持一致。因此，在排除个人教育决策的影响后，城市中间投入品进口成本下降仍会显著提升城市人力资本。

从人口结构角度看，全国就业人口可分为三类：一是新增劳动力，即上一期年龄小于23岁，但当期年龄为23~60岁的劳动力；二是持续处于就业市场中的保有劳动力，即上一期和当期年龄均处于23~60岁区间的劳动力；三是退出劳动力市场的劳动力，即上一期年龄处于23~60岁区间，但当期年龄大于60岁的样本。为了识别人力资本流动中间投入品进口成本所起作用，我们将劳动力限定为同一群体。具体地，2000年人口普查数据使用23~45岁的就业人口数据，2005年人口普查数据将就业人口年龄限制在28~50岁，2010年人口普查数据使用的是33~55岁就业人口数据，2015年人口普查数据使用38~60岁的就业人口数据。表4.5第（2）列使用的被解释变量是排除人口结构变化后构造的城市人力资本。结果显示，城市进口中间品关税变化的系数仍然为负，并且在5%的显著性水平上显著。因此，排除人口结构变化后，本章的基本结论并不发生改变。

表4.5　稳健性分析结果：城市人力资本指标

变量名称	(1) Δhc	(2) Δhc	(3) Δhc
$\Delta input$	-0.718^{*}	-0.649^{**}	-4.988^{***}
	(0.382)	(0.302)	(0.508)
控制变量	是	是	是
省份固定效应	是	是	是
时间固定效应	是	是	是
观测值	846	846	644
R^2	0.704	0.417	0.905

注：***、**、*分别表示在1%、5%和10%的水平上显著，权重为城市基期人口数，标准差聚类在城市层面。第（1）—（2）列通过限制劳动力年龄的方式排除教育决策与人口结构变化带来的潜在影响。第（3）列使用2000年、2010年和2020年人口普查分县资料提供的入学人口信息计算城市人力资本，所得结果包含中间投入品进口成本对人力资本需求和人力资本投资的影响。Δhc和$\Delta input$的单位均为%。

（4）用人口普查分县资料计算城市人力资本

由于缺少最近一期，即2020年的人口普查微观数据，本章在基准结果中仅使用2000—2015年人口普查微观数据来计算城市人力资本。为了验证本章的研究结论在考虑最新一期人口普查数据后依然成立，我们使用2000年、2010年和2020年人口普查分县资料计算城市人力资本，回归结果如

表 4.5 第（3）列所示。结果显示，进口中间品关税每下降 1 个百分点，城市人力资本提高 4.99 个百分点，远大于基准结果的 0.78 个百分点。造成此差距的原因是，人口普查分县资料仅提供六岁以上各种受教育程度人口信息，使用该数据计算出的指标包含在校学生等非劳动力人口信息。故所得系数不仅包括本章关注的进口中间品关税对人力资本空间分布的影响，还包括了对人力资本投资和就业选择等的影响。因此，虽然表 4.5 第（3）列的估计系数绝对值与基准结果相差较大，但这种差异是合理的。

4.5 影响机制和城市人力资本来源分解

本章的研究假说提出，中间投入品进口成本下降会通过技术进步和要素替代提高企业人力资本需求，进而引发人力资本在城市间的流动。就要素替代渠道而言，线性回归难以验证此机制是否成立，仅能通过结构模型估计出中间投入和不同技能劳动力间的替代弹性进行说明。目前，相关研究普遍赞同中间投入与高技能劳动力间的替代弹性小于与低技能劳动力间的替代弹性，由此证明了要素替代是中间投入品进口成本影响企业人力资本的关键渠道（Kiyota and Kurokawa，2019）。鉴于此，本部分首先分析中间投入品进口成本对技术进步的推动作用。其次识别中间投入对企业人力资本需求和人力资本流动的影响，以此验证研究假说。最后，我们对城市人力资本变动来源进行分解，厘清中间投入品进口成本如何影响人力资本空间分布。

4.5.1 技术进步

本部分通过检验进口中间品关税对城市全要素生产率、创新水平和企业进入的影响，进而验证中间投入品进口成本是否会通过技术进步改变人力资本空间分布（Acemoglu，2003）。

首先，我们采用随机前沿分析法（stochastic frontier analysis，SFA）计算城市全要素生产率 tfp，并使用进口中间品关税对城市全要素生产率 tfp 回归的方式来验证技术进步这一影响机制，具体回归结果如表 4.6 第（1）列所示。与预期一致，$\Delta input$ 的系数显著为负，说明城市中间投入品进口成本下降有助于提高全要素生产率。

其次，专利申请次数和被引证次数是技术进步的重要体现。我们使用国家知识产权局公布的已授权发明专利信息，计算出各城市对数发明专利申请次数 lnpatent 和对数发明专利被引证次数 lncitation[1]，借此考察中间投入品进口成本下降推动的技术进步。表 4.6 第（2）—（3）列是使用专利信息作为被解释变量时的回归结果。可以看出，中间投入品进口成本下降显著提升了城市创新水平。

最后，熊彼特提出的创造性破坏理论认为，新成立企业是促进经济发展、实现技术更新换代的重要动力（Schumpeter，1942）。我们根据全国工商注册信息计算了新成立企业比重 entry，单位为%。表 4.6 第（4）列展示了使用 $\Delta input$ 对 $\Delta entry$ 回归的结果。结果显示，城市进口中间品关税每降低 1 个百分点，企业进入提高 1.39 个百分点。

综上所述，表 4.6 的回归结果表明，城市进口中间品关税越低，城市全要素生产率越高、专利申请次数和被引证次数越多、新成立企业占比越高，这说明中间投入品进口成本下降会通过加快技术进步的方式提升城市人力资本。

表 4.6　技术进步机制的检验结果

变量名称	(1) Δtfp	(2) $\Delta lnpatent$	(3) $\Delta lncitation$	(4) $\Delta entry$
$\Delta input$	−0.081 **	−0.318 ***	−0.351 ***	−1.389 ***
	(0.034)	(0.106)	(0.096)	(0.406)
控制变量	是	是	是	是
省份固定效应	是	是	是	是
时间固定效应	是	是	是	是
观测值	846	846	846	846
R^2	0.791	0.756	0.821	0.637

注：***、**、* 分别表示在 1%、5% 和 10% 的水平上显著，权重为城市基期人口数，标准差聚类在城市层面。第（1）—（4）列的被解释变量分别为城市全要素生产率变化 Δtfp、对数发明专利数变化 $\Delta lnpatent$、对数发明专利被引证数变化 $\Delta lncitation$ 和新成立企业占比变化 $\Delta entry$。第（4）列的被解释变量 $\Delta entry$ 以及各列关注变量进口中间品关税变化 $\Delta input$ 的单位均为%。

①　由于部分城市的发明专利申请次数和发明专利被引证次数为零，我们采用该指标加一后取对数的方式来计算对数值。

4.5.2 人力资本需求与流动

（1）人力资本需求

由于技术进步和要素替代（Kasahara et al.，2016；Kiyota and Kurokawa，2019），中间投入品进口成本下降带来的中间投入增加，会提升企业高技能劳动力投入，表现为企业人力资本需求增加。

参考 Kasahara et al.（2016）、赵灿和刘啟仁（2019），我们使用企业是否有中间品进口行为 $import$ 对企业人力资本 hc 回归的方式，验证中间投入品进口成本对企业人力资本需求的影响。本部分基于 2004 年中国经济普查数据提供的各学历劳动力雇佣信息，使用大专及以上学历雇佣人数占比计算出企业 f 的人力资本需求 hc_f，单位为%。进一步，结合中国海关进出口信息识别出企业 f 是否有中间品进口行为，如果企业 f 在 2004 年时有中间品进口行为，$import_f$ 取值为 1；反之，$import_f$ 取值为 0。回归中的控制变量包括三个方面：一是企业层面的对数资产规模、流动资产比例、对数年龄和登记注册类型；二是使用销售产值计算的省份×行业层面的赫芬达尔指数；三是省份和行业虚拟变量。标准差聚类在城市层面。

表 4.7 第（1）列汇报了线性回归的结果。可以看出，有中间品进口行为的企业的人力资本比没有中间品进口行为的企业高了 2 个百分点，表明中间品进口会提升企业人力资本需求。考虑到有中间品进口行为的企业和没有中间品进口行为的企业在资产规模等特征上存在差异，我们在第（2）—（4）列中使用倾向得分匹配（propensity score matching，PSM）估计中间品进口对企业人力资本需求的影响。其中，第（2）—（4）列分别使用最近邻匹配、半径匹配和核匹配三种方法。结果显示，在不同设定下，中间品进口都会显著提升企业人力资本需求。

除了比较有中间品进口行为企业和没有中间品进口行为企业间的差异外，第（5）列还考察了有中间品进口行为企业内部的集约边际效应。具体地，我们使用海关进出口数据计算出企业当年中间品进口额 $input^{import}$，使用该变量与中间投入 $input$ 之比的对数值 $\ln(input^{import}/input)$ 作为解释变量。结果显示，企业中间投入的进口份额占比越高，人力资本越高。

总之，表 4.7 的回归结果表明，中间品进口会在外延边际和集约边际上提升企业人力资本需求。因此，企业人力资本需求是中间投入品进口成本起作用的关键渠道。

表 4.7 企业人力资本需求机制的检验结果

变量名称	(1) OLS *hc*	(2) PSM *hc*	(3) PSM *hc*	(4) PSM *hc*	(5) OLS *hc*
import	2.009 ***	1.948 ***	2.140 ***	2.165 ***	
	(0.747)	(0.350)	(0.232)	(0.230)	
$\ln(input^{import}/input)$					0.432 ***
					(0.104)
控制变量	是	是	是	是	是
省份固定效应	是	是	是	是	是
观测值	237,403	237,403	237,403	237,403	32,751
R^2	0.147	0.402	0.402	0.406	0.230

注：***、**、* 分别表示在 1%、5% 和 10% 的水平上显著。被解释变量为使用 2004 年中国经济普查数据计算的人力资本指标 *hc*，单位为%，标准差聚类在城市层面。第（1）—（4）列的关注变量是企业是否有中间品进口行为 *import* 的二值变量。第（1）列是 OLS 回归结果，第（2）—（4）列是 PSM 回归结果，采用的方法分别为最近邻匹配、半径匹配和核匹配。第（5）列的关注变量 $\ln(input^{import}/input)$ 等于企业中间品进口额与中间投入之比的对数值，回归方法为 OLS，仅使用有中间品进口行为的样本。

（2）人力资本流动

在空间均衡视角下，人力资本存量既定，城市人力资本变动来源于人力资本流动。当 *c* 城市人力资本需求增加时，其他城市人力资本会流入 *c* 城市，最终实现人力资本在空间上的供求均衡。本部分从人力资本流动视角检验中间投入品进口成本影响人力资本空间分布的作用机制。我们将五年内流入居住地的劳动力视为流动人口，使用城市流动人口 N^m 占总人口 N 的比重度量劳动力流入 *mig*。同理，用高技能流动人口 H^m 占高技能劳动力 H 的比重衡量高技能劳动力流入 mig^H，低技能劳动力流入 mig^L 为低技能流动人口 L^m 占低技能劳动力 L 的比重。

表 4.8 汇报了中间投入品进口成本对人力资本流动的影响。可以看出，在第（1）—（3）列中，进口中间品关税变化的系数均显著为负，说明进口中间品关税削减会吸引劳动力流入。从系数大小来看，进口中间品关税对高、低技能流动人口的影响有所不同。具体地，进口中间品关税每下降 1 个百分点，高技能流动人口占比提高 2.58 个百分点，大于低技能流动人口占比的 1.82 个百分点。整体而言，中间投入品进口成本下降会吸引劳动力流入，并且对高技能劳动力的吸引作用更强。因此，中间投入品进口成

本会通过人力资本流动改变人力资本空间分布。

表 4.8　人力资本流动机制的检验结果

变量名称	(1) Δmig	(2) Δmig^H	(3) Δmig^L
$\Delta input$	-1.917^{***}	-2.575^{***}	-1.816^{***}
	(0.590)	(0.566)	(0.643)
控制变量	是	是	是
省份固定效应	是	是	是
时间固定效应	是	是	是
观测值	846	846	846
R^2	0.508	0.668	0.475

注: ***、**、*分别表示在1%、5%和10%的水平上显著,权重为城市基期人口数,标准差聚类在城市层面。第(1)—(3)列的被解释变量分别为城市流动人口占比变化 Δmig,高技能流动人口占高技能劳动力比例变化 Δmig^H 和低技能流动人口占低技能劳动力比例变化 Δmig^L,各列的被解释变量和关注变量 $\Delta input$ 的单位均为%。

4.5.3　城市人力资本来源分解

城市人力资本主要有四个方面来源(Cadena and Kovak,2016;Li,2020):第一,本地人口结构变动导致的高技能劳动力净进入,包括当期新进入劳动力市场的高技能劳动力 H^{entry},以及当期退出劳动力市场的高技能劳动力 H^{exit};第二,从外地流入的高技能劳动力 H^{im};第三,从本地流出的高技能劳动力 H^{em};第四,低技能劳动力通过人力资本投资成为高技能劳动力 H^{Δ}。我们根据人口普查微观数据提供的劳动力年龄信息识别出 H^{entry} 和 H^{exit},利用流动信息识别出 H^{im} 和 H^{em}。由于人口普查微观数据并未记录劳动力在各年龄段时的受教育信息,H^{Δ} 难以识别。需要注意的是,在进入劳动力市场后,劳动力的受教育程度基本不变,意味着 H^{Δ} 对城市人力资本的贡献可以忽略(Cadena and Kovak,2016)。因此,我们将城市人力资本分解为城市人口结构变动、高技能劳动力流入和高技能劳动力流出:

$$\frac{\Delta H_c}{N_{c,\,2000}} = \frac{H_c^{entry} - H_c^{exit}}{N_{c,\,2000}} + \frac{H_c^{im}}{N_{c,\,2000}} + \frac{H_c^{em}}{N_{c,\,2000}}$$

表4.9汇报了城市人力资本来源分解的结果,被解释变量和关注变量的单位均为%。第(1)列回归结果显示,$\Delta input$ 对 $(H^{entry} - H^{exit})/N$ 的回归系数不显著,意味着中间投入品进口成本不会通过改变城市人口结构来影响人

力资本空间分布。在第（2）列中，进口中间品关税对 H^{im}/N 回归的系数显著为负，说明中间投入品进口成本下降能够吸引外地高技能劳动力流入。

整体而言，中间投入品进口成本下降会降低本地高技能劳动力流出，具体如第（3）列所示。因此，表4.9的回归结果表明，中间投入品进口成本改变人力资本空间分布的渠道不是本地人口结构变动，而是吸引高技能劳动力流入、减缓本地高技能劳动力流出。

表4.9 城市人力资本来源分解结果

变量名称	(1) $(H^{entry}-H^{exit})/N$	(2) H^{im}/N	(3) H^{em}/N
$\Delta input$	0.035	−8.338***	1.583**
	(0.224)	(1.881)	(0.753)
控制变量	是	是	是
省份固定效应	是	是	是
时间固定效应	是	是	是
观测值	846	846	846
R^2	0.701	0.606	0.562

注：***、**、*分别表示在1%、5%和10%的水平上显著，权重为城市基期人口数，标准差聚类在城市层面。第（1）列的被解释变量是由本地人口结构变动导致的城市人力资本变化（$H^{entry}-H^{exit}$）/N，第（2）—（3）列的被解释变量分别为外来流入的高技能劳动力 H^{im}/N 和本地流出的高技能劳动力 H^{em}/N。各列的被解释变量和关注变量 $\Delta input$ 的单位均为%。

4.6 异质性分析

前文的分析表明，中间投入品进口成本下降会显著提升企业人力资本需求并促进人力资本跨城市流动。实际上，劳动力流动决策在很大程度上受到城市特征影响，意味着中间投入品进口成本对城市人力资本的影响存在区域异质性。本章首先从城市的贸易区位优势和历史人力资本积累优势出发，探讨有利的贸易地理区位和人力资本积累在中间投入品进口成本调整人力资本空间分布中的重要性，这一结果也有助于说明中间投入品进口成本会推动人力资本朝着怎样的方向集聚。其次，从城市落户门槛角度出发，考察劳动力流动成本的异质性影响。最后，在企业劳动要素调整成本的视角下，分析劳动力市场灵活度的异质性影响。

4.6.1　贸易的区位优势

根据"中心—外围"理论可知，城市的区位优势决定了国际贸易对城市经济发展的影响程度。相较于内陆地区，靠近港口的地区参与国际贸易的成本更低（Fan，2019）。在同样的进口中间品关税削减幅度下，港口城市进口的中间品更多。因此，进口中间品关税削减对港口城市人力资本需求的影响更强。

本章通过地理信息系统计算出各城市到最近港口的对数距离 $\ln dist$，通过交互项的形式考察城市区位优势带来的异质性影响。我们对回归模型式（4.2）进行了如下扩展：

$$\Delta hc_{ct} = \alpha + \beta \Delta tariff_{ct} + \delta \ln dist_c + \lambda \Delta tariff_{ct} \times \ln dist_c + X_{ct}\Gamma + T_t + \varepsilon_{ct}$$

参数 λ 反映了城市区位优势的异质性影响，估计结果如表 4.10 第（1）列所示。与预期一致，城市进口中间品关税变化与到最近港口对数地理距离的交互项 $\Delta input \times \ln dist$ 的系数显著为正，说明城市离港口的地理距离越短，进口中间品关税削减带来的人力资本提升幅度越强，故城市在贸易上的区位优势会强化中间投入品进口成本对人力资本空间分布的影响。换言之，中间投入品进口成本下降会推动人力资本朝着具有贸易区位优势的城市集聚。

表 4.10　区位优势与人力资本积累优势的异质性回归结果

变量名称	（1） Δhc	（2） Δhc	（3） Δhc
$\Delta input$	−12.725 ***	−1.089 ***	0.886
	（4.006）	（0.390）	（0.620）
$\Delta input \times \ln dist$	0.984 ***		
	（0.327）		
$\Delta input \times hc_{1990}$		−0.767 ***	
		（0.194）	
$\Delta input \times \ln jinshi$			−0.021 **
			（0.009）
控制变量	是	是	是
省份固定效应	是	是	是
时间固定效应	是	是	是

表4.10(续)

变量名称	（1） Δhc	（2） Δhc	（3） Δhc
观测值	846	783	507
R^2	0.726	0.741	0.760

注：***、**、*分别表示在1%、5%和10%的水平上显著，权重为城市基期人口数，标准差聚类在城市层面。ln$dist$表示城市到最近港口的对数距离，hc_{1990}和ln$jinshi$分别是使用1990年高技能劳动力占比和对数清代进士数衡量的城市人力资本。其中，第（1）—（3）列的控制变量除了基准回归设定式（4.2）中的各项控制变量外，还分别引入了ln$dist$、hc_{1990}和ln$jinshi$。变量Δhc、$\Delta input$和hc_{1990}的单位均为%。

4.6.2　城市人力资本积累的优势

基于比较优势理论可知，期初人力资本越高的城市，越可能从中间投入品进口成本下降带来的技术进步中获益。因此，城市期初人力资本会强化中间投入品进口成本对人力资本的影响（González，2021），这与人力资本在空间上的分化特征相符（Moretti，2012；夏怡然和陆铭，2019）。

我们使用1990年高技能劳动力占比hc_{1990}和对数清代进士数ln$jinshi$衡量历史人力资本，具体结果如表4.10第（2）—（3）列所示。结果显示，城市历史人力资本与进口中间品关税变化的交互项显著为负，说明历史人力资本越高，中间投入品进口成本对人力资本的负向影响越强，意味着中间投入品进口成本下降会强化人力资本在空间上的分化。

4.6.3　城市落户门槛

城市落户门槛是影响劳动力流动的重要因素。参考 Zi（2016），我们使用2000年人口普查微观数据中流动时间不超过五年的流动人口样本计算各城市落户门槛：

$$m_{ioc} = \alpha + X_{ioc}\beta + huji_c + \varepsilon_{ioc}$$

其中，被解释变量m_{ioc}是二值变量，取值为1，表示从流出地o流入c城市的流动人口i未拥有流入地户口；取值为0，则表示劳动力i拥有流入地户口。城市固定效应$huji_c$等于在其他条件不变的情况下，劳动力在c城市的落户难易度。该指标衡量了城市落户门槛，取值越大，意味着劳动力落户难度越高。控制变量X包括劳动力年龄及其平方项、性别、民族、婚姻状况、受教育程度虚拟变量等人口学特征，以及劳动力是否跨城市流动、流出地是否是城镇地区、流动时间等劳动力流动信息。考虑到劳动力根据效用最大化原则进行流动决策，还控制了流出地和流入地的对数人均 GDP 之差，借此排除流入地和流出地间的差异。

表 4.11 第（1）列汇报了城市落户门槛带来的异质性影响。结果显示，进口中间品关税和城市落户门槛的交互项显著为负，说明落户门槛越高的城市，中间投入品进口成本对人力资本的负向影响越强。考虑到落户门槛对低技能劳动力流动的影响更大（张吉鹏 等，2020），我们分别计算高技能劳动力落户门槛 $huji^H$ 和低技能劳动力落户门槛 $huji^L$，以此考察户籍门槛通过限制不同技能劳动力流动造成的异质性影响，具体结果如第（2）列所示。回归结果表明，高技能劳动力落户门槛并不会影响中间投入品进口成本的经济效应，而低技能劳动力落户门槛通过限制低技能劳动力流动，强化中间投入品进口成本下降对城市人力资本的促进作用。整体而言，落户门槛会削弱中间投入品进口成本下降引发的低技能劳动力流动，即落户门槛会强化中间投入品进口成本对人力资本空间分布的影响。

表 4.11 落户门槛与劳动力市场灵活度的异质性回归结果

变量名称	（1） Δhc	（2） Δhc	（3） Δhc
$\Delta input$	-1.089^{***} (0.390)	-1.151^{***} (0.426)	2.190^{***} (0.818)
$\Delta input \times huji$	-7.592^{***} (2.064)		
$\Delta input \times huji^H$		-1.314 (1.277)	
$\Delta input \times huji^L$		-6.674^{***} (2.234)	
$\Delta input \times per$			-0.060^{***} (0.016)
控制变量	是	是	是
省份固定效应	是	是	是
时间固定效应	是	是	是
观测值	846	750	846

表4.11(续)

变量名称	(1) Δhc	(2) Δhc	(3) Δhc
R^2	0.723	0.739	0.723

注：***、**、*分别表示在1%、5%和10%的水平上显著，权重为城市基期人口数，标准差聚类在城市层面。*huji*、*huji^H*和*huji^L*分别表示城市落户门槛、高技能劳动力落户门槛和低技能劳动力落户门槛，*per*表示劳动力市场灵活度。除了基准回归设定式（4.2）中的各项控制变量外，第（1）列还加入了*huji*，第（2）列控制了*huji^H*和*huji^L*，第（3）列引入了*per*。被解释变量Δhc、关注变量$\Delta input$以及劳动力市场灵活度*per*的单位均为%。

4.6.4 劳动力市场灵活度

劳动力市场越灵活，意味着企业越容易通过调整雇佣人数来应对中间投入品进口成本冲击，故中间投入品进口成本的经济效应在不同劳动力市场特征下存在异质性（Ponczek and Ulyssea, 2022）。参考 Han et al. (2016)，我们使用2000年工业企业数据库计算城市期初私营企业雇佣人数比例，将之作为劳动力市场灵活度*per*的代理变量。

表4.11第（3）列展示了使用城市进口中间品关税削减$\Delta input$，劳动力市场灵活度*per*以及二者交互项对城市人力资本回归的结果。结果显示，交互项$\Delta input \times per$的系数为-0.06，且在1%的显著性水平上显著，说明在劳动力市场灵活度更高的城市，中间投入品进口成本下降更容易引起人力资本变动，即城市人力资本提升幅度更大。

4.7 本章小结

自2000年以来，我国人力资本空间分布格局发生了显著变化。本章利用城市进口中间品关税作为代理变量，考察了中间投入品进口成本对人力资本空间分布的影响，为我国人力资本配置提供了新解释。本章基于2000—2015年中国人口普查微观数据，利用城市期初产业结构差异构造出城市进口中间品关税指标。回归结果显示，城市进口中间品关税每下降1个百分点，城市人力资本提高0.78个百分点，能解释人力资本空间分布变动的15.10%，说明中间投入品进口成本的空间差异是影响人力资本空间分布的重要因素。考虑中间投入品进口成本的空间溢出效应、城市潜在劳动力需求、外国直接投资、教育决策和人口结构变化等的影响，以及使用2000—2020年人口普查分县资料计算城市人力资本后，上述结论依然成立。进一步，中间投入品进口成本会通过技术进步和要素替代影响企业人力资本需求，进而引发人力资本在城市间的流动，人力资本空间分布随之改变。从城市人力资本来源看，吸引外地高技能劳动力流入、减缓本地高技能劳动力流出是城市人力资本提升的核心途径。异质性分析表明，中间投入品进口成本下降推动了人力资本向具有贸易区位优势以及历史人力资本丰厚的地区集聚；城市落户门槛对高技能劳动力流动的限制弱于低技能劳动力，故城市落户门槛会强化上述效果；更灵活的劳动力市场有助于增强中间投入品进口成本对人力资本空间分布的影响。本章的结论表明，中间投入品进口成本是影响人力资本空间分布的重要因素。

本章的研究结论为优化城市人力资本配置提供了重要参考。在国内市场一体化建设的背景下，城市间贸易成本下降有利于降低中间投入品进口成本。当前，各国双边贸易壁垒提高以及共建"一带一路"倡议导致邻近港口地区的区位优势不再明显，城市人力资本逐渐朝着内陆地区集聚，这有助于缓解内陆和沿海地区间的人力资本差距，改善人力资本空间分布不平衡问题。同时，人力资本在空间上的分化速度放缓，欠发达地区人才流失现象得到改善。当然，全球化是不可逆转的时代潮流，如我国在沿海和发达地区建立的自由贸易区以及《区域全面经济伙伴关系协定》都会推动人力资本向沿海地区集聚。那么，加强内陆地区贸易开放的区域协调政策，能够吸引人力资本向内陆地区和欠发达地区转移，进而缓解地区间发展不协调问题。因此，通过提升内陆和欠发达地区国际贸易参与度来降低中间投入品进口成本，是缓解人力资本在空间上配置不平衡的重要政策手段。

5 劳动力成本对人力资本空间分布的影响

5.1 概述

人力资本在空间上的合理布局是推动经济增长的重要保障。本书第 3 章利用社保缴费基数负担作为劳动力成本的代理变量，初步揭示了劳动力成本和城市人力资本间的关系。使用线性回归分析劳动力成本对人力资本空间分布的影响时，劳动力成本和人力资本供求相互影响，回归结果存在较强的内生性问题，同时所得结果述包含了劳动力成本对人力资本供给和需求的双重影响。为此，本章通过构建空间均衡模型，不仅解决了逆向因果引起的内生性问题，还能有效区分人力资本供给和需求，准确评估劳动力成本对人力资本空间分布的影响。

现阶段，社保缴费基数负担推高了劳动力成本。如图 5.1 所示，全国社保缴费基数下限快速上升，从 2005 年的 645.62 元攀升至 2015 年的 2290.04 元。并且，社保缴费基数下限远高于最低工资这一地区名义工资下限，意味着企业社保缴费基数负担推高了劳动力成本（徐舒 等，2022）。基于此，本章利用具有地区异质性的社保缴费基数负担作为劳动力成本的代理变量，考察劳动力成本对人力资本空间分布的影响。本章回答的问题有二：劳动力成本如何影响企业人力资本需求？我国近年来的劳动力成本空间差异是否改变了人力资本集聚趋势？回答上述问题有助于明晰降低劳动力成本在优化人力资本空间分布中的重要意义。

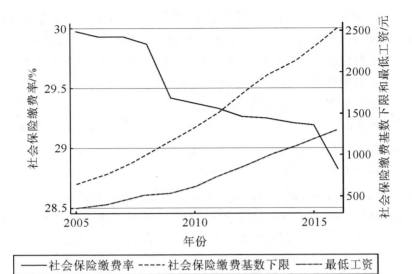

图 5.1　中国社会保险缴费率、基数下限和最低工资的变化趋势

数据来源：笔者根据各城市社会保险缴费率、基数下限和最低工资计算得到。

　　本章基于 Diamond（2016）构建的空间均衡模型进行结构估计，通过引入企业社保缴费基数负担来考察劳动力成本对人力资本空间分布的影响。在理论模型设定上，劳动力流入不同城市时的预期收入存在差异，并且城市间的城市福利和房租价格不同。假设劳动力效用由三部分构成，一是可贸易品消费，二是住房消费，三是流动成本和城市福利等非货币成本和效用。根据效用最大化原则，可以推导出劳动力流入每个城市的概率。我们不仅将劳动力分为高技能劳动力和低技能劳动力两类，还假设劳动力间的人力资本存在个体异质性。因此，劳动力流动选择决定了每个城市的人力资本供给。企业生产投入包括资本和劳动力。其中，劳动力可分为本地劳动力和流动人口两类，并且流动人口由不同技能劳动力构成。引入社保缴费后，企业雇佣劳动力的成本包括工资和社保两部分。根据企业利润最大化原则，可以得出劳动力需求方程的解析解。在空间均衡条件下，各城市劳动力市场出清，地区间劳动力成本差异会改变人力资本空间分布。

结合 2005 年人口普查微观数据和 2012—2015 年流动人口监测数据①，本章采用极大似然估计方法对模型参数进行结构估计。参数估计结果显示，企业社保缴费基数负担每提高 1%，流动人口中低技能劳动力的社保税率比高技能劳动力提高了 0.17%。换言之，在其他条件不变的情况下，企业雇佣低技能劳动力的相对成本提高 0.17%。该结果意味着，社保缴费基数负担下降会提升高技能劳动力相对成本，企业高技能劳动力相对需求减小。根据估算，地区间社保缴费基数负担差异能够解释 10.53% 的人力资本空间分布变动，说明劳动力成本是影响人力资本空间分布的关键因素。同时，通过考虑流动人口计算方式、企业社保缴费基数负担的度量方式和企业社保缴费基数负担的非收入效应，验证了参数估计结果的稳健性。基于 2019 年《降低社会保险费率综合方案》，我们模拟了劳动力成本下降对城市人力资本的影响。结果显示，政策实施后各地劳动力成本均出现下降，且东部地区下降幅度更大，减缓了人力资本朝东部地区集聚的趋势。

本章的边际贡献包括三个方面。第一，本章从劳动力成本角度考察人力资本空间分布的影响因素，扩宽了人力资本空间分布相关文献的研究视角。虽然已有文献基本赞同收入是影响劳动力流动的重要因素，但较少从企业需求视角讨论劳动力成本对人力资本空间分布的影响。在当前要素市场化配置改革的背景下，本章的研究结论明晰了价格机制在优化人力资本配置中的重要性。第二，国内文献通常用社保政策作为劳动力成本冲击，考察其对企业经营行为和劳动力收入的影响，较少讨论对异质性劳动力流动行为的影响。因此，本章补充了劳动力市场工资决定机制相关研究的空白。第三，本章利用空间均衡模型，得到了与理论模型和现实数据相符的参数估计结果，在实证方法上是对考虑人力资本空间分布影响因素以及评估劳动力成本经济效应相关文献的有益补充。

---

① 除 2005 年人口普查微观数据外，其他年份人口普查微观数据并未提供劳动力收入信息。现有微观调查数据中仅有流动人口动态监测调查数据能够提供足够大的流动人口样本。为了将理论模型与上述数据结合，本章在理论模型中将劳动力分为流动人口和本地人口，并将本地人口工资等信息视为外生给定，使用 2005 年人口普查微观数据中的本地人口信息对其进行近似处理。因此，本章实际估计出的结果是社保缴费基数负担对流动人口中高、低技能劳动力的影响。具体见 5.2 节模型设定和 5.3.1 小节数据来源。为了简便起见，本章后续将流动人口中高、低技能劳动力简写为高、低技能劳动力。

5.2 理论模型

本章基于空间均衡模型（Colas and Hutchinson，2021；Diamond，2016；Piyapromdee，2021），通过社保政策考察劳动力成本对人力资本空间分布的影响。在供给方程中，劳动力效用函数由可贸易品消费、住房消费和流动带来的福利变动共同组成。在预算约束下，劳动力根据效用最大化进行流动决策，这构成了各城市人力资本供给。从需求角度看，企业根据利润最大化选择最优高、低技能劳动力投入比例。对不同技能劳动力来说，社保缴费基数负担对低技能劳动力成本的影响更强，进而改变企业人力资本需求。基于空间均衡条件，劳动力成本的空间差异改变了人力资本空间分布。

5.2.1 劳动力供给

劳动力 i 在时间 t 流入 c 城市的效用水平由可贸易品消费 c_{ict}、住房消费 Q_{ict} 和流动过程带来的福利变动 $s_i(A_{ct})$ 构成。假设高技能劳动力 H 和低技能劳动力 L 的可贸易品消费和住房消费满足科布–道格拉斯效用函数形式。在预算约束下，劳动力选择最优消费组合实现效用最大化：

$$\max_{c,Q}(1-\zeta^s)\ln(c_{ict})+\zeta^s\ln(Q_{ict})+s_i(A_{ct})$$
$$s.t. \quad c_{ict}+R_{ct}Q_{ict} \leqslant (1-\tau_t^I)W_{ict}^s \tag{5.1}$$

其中，ζ^s 为 s 技能劳动力对住房的偏好，在效用函数最大化时等价于住房消费份额。R_{ct} 是房租价格。$W_{ict}^s = l_{ict}^s \times W_{ct}^s$ 表示 s 技能劳动力 i 流入 c 城市时的预期收入，包括具有个体异质性的人力资本 l_{ict}^s 和城市工资率 W_{ct}^s 两个部分。τ_t^I 为全国统一的个人社保缴费率，不影响劳动力流动。其中，企业社保缴费基数负担导致城市工资率 W_{ct}^s 下降，预期收入 W_{ict}^s 随之下降，这是社保缴费基数负担影响劳动力流动的关键渠道。

通过求解方程（5.1），可以推导出劳动力 i 流入 c 城市时的间接效用函数：

$$V_{ict}^s = \ln[(1-\tau_t^I)W_{ict}^s] - \zeta^s\ln(R_{ct}) + s_i(A_{ct})$$
$$= w_{ict}^s - \zeta^s r_{ct} + s_i(A_{ct}) + \ln(1-\tau_t^I) \tag{5.2}$$

其中，w_{ict}^s 表示对数预期收入，r_{ct} 是对数房租。假设具有个体异质性的福利变动 $s_i(A_{ct})$ 由三个部分组成[①]：第一，流动成本 mc_{ict}，与已有文献一致，流动成本不进入预算约束方程（Bayer et al.，2009；Roback，1982）；第二，流入地的城市福利，包括可观测部分 A_{ct} 和不可观测部分 ξ_{ct}^s；第三，劳动力 i 对 c 城市的异质性偏好 ε_{ict}，服从第 I 类极值分布。为了保证有效识别，我们假定福利变动的标准差等于 $1/\lambda^s$。具体地，福利变动可写为：

$$s_i(A_{ct}) = \beta_{mc}^s x_i \cdot mc_{ict} + \beta_A^s A_{ct} + \xi_{ct}^s + \frac{1}{\lambda^s}\varepsilon_{ict} \tag{5.3}$$

其中，x_i 表示个人特征。参数 β_{mc} 和 β_A 衡量了流动成本和城市福利对 s 技能劳动力福利的影响。

联立式（5.2）和式（5.3），记间接效用函数为：

$$V_{ict}^s = \Gamma_{ct}^s + \lambda^s w_{ict}^s + \lambda_{mc}^s x_i \cdot mc_{ict} + \varepsilon_{ict} \tag{5.4}$$

参数 λ^s 反映了 s 技能劳动力的供给弹性（Bayer et al.，2009）。$\lambda_{mc}^s = \lambda^s \beta_{mc}^s$ 是流动成本对劳动力效用的影响。城市、时间和技能层面的加总项为

$$\Gamma_{ct}^s = \lambda_r^s r_{ct} + \lambda_A^s A_{ct} + \lambda^s \ln(1 - \tau_t^l) + \xi_{ct}^s \tag{5.5}$$

该加总项衡量了房价和城市福利对 s 技能劳动力平均效用的影响。同时，有 $\lambda_r^s = -\lambda^s \zeta^s$ 和 $\lambda_A^s = \lambda^s \beta_A^s$ 成立。

根据效用最大化，当且仅当流入 c 城市获得的效用 V_{ict} 大于流入其他备选城市 $-c$ 时，劳动力才会流入 c 城市。与混合 Logit 模型一致（McFadden，1973），劳动力 i 流入 c 城市的概率为

$$\text{Pr}_{ict}^s = \text{Pr}(V_{ict}^s > V_{i-ct}^s) = \frac{exp(\Gamma_{ct}^s + \lambda^s w_{ict}^s + \lambda_{mc}^s x_i \cdot mc_{ict})}{\sum_j exp(\Gamma_{jt}^s + \lambda^s w_{ijt}^s + \lambda_{mc}^s x_i \cdot mc_{ijt})}$$

结合人力资本 l_{ict}^s，c 城市在时间 t 时高技能劳动力供给 H_{ct} 和低技能劳动力供给 L_{ct} 等于流入 c 城市的高、低技能人力资本之和：

$$H_{ct} = \sum_i (\text{Pr}_{ict}^H \times l_{ict}^H)$$

$$L_{ct} = \sum_i (\text{Pr}_{ict}^L \times l_{ict}^L)$$

---

① 福利变动 $s_i(A_{ct})$ 还可能包括企业缴纳社保带来的非收入效用变动，将其纳入参数估计不会改变文章的基本结论，具体如 5.5.2 小节所示。

5.2.2 劳动力需求

假设劳动力市场完全竞争，每个企业都以相同的工资率雇佣劳动力。参考 Coen-Pirani（2021）和 Fajgelbaum et al.（2019），假设 t 时间 c 城市企业雇佣 s 技能劳动力的社保税率由企业社保缴费率 τ_t^F 和缴费基数负担 SSC_{ct} 共同组成：

$$t_{ct}^s = (1 + \tau_t^F)\, SSC_{ct}^{\eta^s} - 1$$

其中，参数 η^s 是社保缴费基数负担 SSC_{ct} 对社保税率 t_{ct}^s 的弹性。其含义为，社保缴费基数负担每提高 1%，企业雇佣 s 技能劳动力所需支付的社保税率 t_{ct}^s 提高 $\eta^s\%$。在其他条件不变的情况下，企业劳动力成本上涨 $\eta^s\%$。

假定企业是同质的，且只生产可贸易品。企业的生产函数为科布-道格拉斯生产函数[①]：

$$Y_{fct} = (M_{fct}^\beta N_{fct}^{1-\beta})^\alpha K_{fct}^{1-\alpha}$$

其中，Y_{fct} 是企业 f 的总产出，产品价格标准化为 1。M_{fct} 表示企业雇佣的流动人口，N_{fct} 为企业雇佣的本地人口，K_{fct} 反映资本投入。流动人口 M_{fct} 包括高技能劳动力 H_{fct} 和低技能劳动力 L_{fct} 两类：

$$M_{fct} = (\theta_{ct}^H H_{fct}^\rho + \theta_{ct}^L L_{fct}^\rho)^{\frac{1}{\rho}}$$

参数 θ_{ct}^H 和 θ_{ct}^L 分别表示高、低技能劳动力生产率，高、低技能劳动力替代弹性 $\sigma = 1/(1-\rho)$。

结合社保税率 t_{ct}^s 和工资率 W_{ct}^s 可知，企业雇佣 s 技能劳动力的边际成本 $\tilde{W}_{ct}^s$ 为

$$\tilde{W}_{ct}^s = (1 + t_{ct}^s)\, W_{ct}^s \tag{5.6}$$

最后，本章假设资本市场没有摩擦且能够以价格 κ_t 提供足额资本，意味着资本利润率在城市间相等。根据利润最大化原则，代入高技能劳动力边际成本 $\tilde{W}_{ct}^H$、低技能劳动力边际成本 $\tilde{W}_{ct}^L$、本地劳动力边际成本 $\tilde{W}_{ct}^N$，以及资本利润率 κ_t，可以推导出劳动力需求方程和资本需求方程。

在市场完全竞争且不存在进入退出门槛的环境下，所有企业生产行为一致。由于生产函数规模报酬不变，可将企业维度的劳动力需求转换到城

---

① 企业社保缴费规避行为不影响文章的基本结论。理论上，企业社保规避程度是社保缴费的函数，本章估计出的结果已经包含企业社保规避的潜在影响。

市维度（Diamond，2016），即城市层面的劳动力需求方程等价于企业层面的劳动力需求方程。因此，城市劳动力需求方程和城市资本需求方程分别为

$$\tilde{W}_{ct}^{H} = \alpha\beta M_{ct}^{\alpha\beta-\rho} N_{ct}^{\alpha(1-\beta)} K_{ct}^{1-\alpha} H_{ct}^{\rho-1} \theta_{ct}^{H}$$

$$\tilde{W}_{ct}^{L} = \alpha\beta M_{ct}^{\alpha\beta-\rho} N_{ct}^{\alpha(1-\beta)} K_{ct}^{1-\alpha} L_{ct}^{\rho-1} \theta_{ct}^{L}$$

$$\tilde{W}_{ct}^{N} = \alpha(1-\beta) M_{ct}^{\alpha\beta} N_{ct}^{\alpha(1-\beta)-1} K_{ct}^{1-\alpha}$$

$$\kappa_{t} = (1-\alpha) M_{ct}^{\alpha\beta} N_{ct}^{\alpha(1-\beta)} K_{ct}^{-\alpha}$$

其中，M_{ct} 和 N_{ct} 分别为城市层面的本地人口需求和流动人口需求，K_{ct} 等于城市层面的资本投入。城市高技能劳动力需求记为 H_{ct}，对应的城市低技能劳动力需求写为 L_{ct}。

考虑到本章所使用的数据中，仅有 2005 年人口普查微观数据提供了本地人口的就业与工资信息，故假设本地人口边际成本外生给定，并使用线性展开的方式进行一阶近似，具体设定为

$$\tilde{w}_{ct}^{N} = \ln\tilde{W}_{ct}^{N} = \ln(1+\tau_{t}^{F}) + \eta^{N} ssc_{ct} + g^{s}$$

其中，函数 g^{s} 包括两部分：①基期对数本地人口边际成本 $\tilde{w}_{c0}^{N}$ 和时间虚拟变量 D_{t} 的交互项，反映了本地人口边际成本对流动人口中 s 技能劳动力工资率的影响；②线性拟合方式带来的测量误差 v_{ct}^{s}。ssc 是对数社保缴费基数负担。因此，将劳动力边际成本代入劳动力需求方程，对数化后可得：

$$w_{ct}^{H} = C_{ct} - \frac{1-\beta}{\beta} g^{H} - \eta^{H,N} ssc_{ct} + (1-\rho)(\ln M_{ct} - \ln H_{ct}) + \ln\theta_{ct}^{H} \tag{5.7}$$

$$w_{ct}^{L} = C_{ct} - \frac{1-\beta}{\beta} g^{L} - \eta^{L,N} ssc_{ct} + (1-\rho)(\ln M_{ct} - \ln L_{ct}) + \ln\theta_{ct}^{L} \tag{5.8}$$

其中，常数项

$$C_{ct} = -\frac{1}{\beta}\ln(1+\tau_{t}) + \ln\alpha\beta + \frac{1-\beta}{\beta}\ln[\alpha(1-\beta)] + \frac{1-\alpha}{\alpha\beta}\ln\frac{1-\alpha}{\kappa_{t}}$$

同时，参数 $\eta^{s,N} = \eta^{s} + \frac{1-\beta}{\beta}\eta^{N}$ 衡量了 s 技能流动人口和本地人口的社保缴费基数负担对社保税率的弹性。

5.2.3 住房市场

参考已有文献（Ahlfeldt et al., 2015；Kline and Moretti, 2014），假设均衡条件下 c 城市的反住房供给函数（inverse housing supply function）[①] 为

$$R_{ct} = m_{ct} (Q_{ct})^{\phi_M} (Q_{ct}^N)^{\phi_N}$$

其中，R_{ct} 为房租价格[②]，m_{ct} 是建筑成本，Q_{ct} 和 Q_{ct}^N 分别是 c 城市 t 时期流动人口和本地人口的住房供给。参数 ϕ_M 和 ϕ_N 衡量了 c 城市流动人口和本地人口的反住房供给弹性（inverse elasticity of the supply function）。由于缺乏本地人口信息，我们同样使用基期本地人口住房消费数据对 Q_{ct}^N 进行线性拟合。

结合住房市场供求均衡条件和消费函数，可推导出流动人口的城市住房供给和住房消费方程：

$$R_{ct}Q_{ct} = (1 - \tau_t^I) (\zeta^H W_{ct}^H H_{ct} + \zeta^L W_{ct}^L L_{ct})$$

考虑到土地成本与城市可用土地面积相关（Piyapromdee，2021；赵方和袁超文，2017），我们假设 $\dfrac{\phi_M}{1+\phi_M} = \phi_{scale} + \phi_{geo} x_c^{geo}$[③]。其中，$\phi_{scale}$ 表示基础反住房供给弹性，ϕ_{geo} 反映城市不可用土地 x_c^{geo} 对反住房供给弹性的调节效应。整理后可得：

$$r_{ct} = (\phi_{scale} + \phi_{geo} x_c^{geo}) \ln [(1 - \tau_t^I) (\zeta^H W_{ct}^H H_{ct} + \zeta^L W_{ct}^L L_{ct})] + \phi_N \ln Q_{ct}^N + v_{ct}^r$$

其中，$v_{ct}^r = \dfrac{1}{1+\phi} \ln m_{ct}$ 为建筑成本的函数。

5.2.4 均衡条件

在均衡条件下，各城市的劳动力市场和住房市场出清。具体地，高、低技能劳动力工资和房租（w_{ct}^H，w_{ct}^L，r_{ct}），以及人力资本的高、低技能劳动力供给（H_{ct}，L_{ct}）定义了模型均衡。

第一，高技能劳动力供给等于高技能劳动力需求：

[①] 本章还参考了 Moretti（2011）和 Khanna et al.（2021）的住房供给设定，假设房租是城市各类劳动力供给的函数，所得结论不变。

[②] 在资产市场稳态条件下，可以假设房租等于房价与利率的乘积。

[③] 建筑成本 $\ln m_{ct}$ 是城市和时间维度上的不可观测变量，对 $\phi_M / (1+\phi_M)$ 的线性化处理不影响参数估计结果。

$$H_{ct} = \sum_i (\mathrm{Pr}_{ict}^H \times l_{ict}^H)$$

$$w_{ct}^H = C_{ct} - \frac{1-\beta}{\beta} g^H - \eta^{H,\,N} ssc_{ct} + (1-\rho)(\ln M_{ct} - \ln H_{ct}) + \ln\theta_{ct}^H$$

第二，低技能劳动力供给等于低技能劳动力需求：

$$L_{ct} = \sum_i (\mathrm{Pr}_{ict}^L \times l_{ict}^L)$$

$$w_{ct}^L = C_{ct} - \frac{1-\beta}{\beta} g^L - \eta^{L,\,N} ssc_{ct} + (1-\rho)(\ln M_{ct} - \ln L_{ct}) + \ln\theta_{ct}^L$$

第三，住房供给等于住房需求：

$$r_{ct} = (\varphi_{scale} + \varphi_{geo} x_c^{geo}) \ln[(1-\tau_t^I)(\zeta^H W_{ct}^H H_{ct} + \zeta^L W_{ct}^L L_{ct})] + \varphi_N \ln Q_{ct}^N + v_{ct}^r$$

5.3　数据与变量说明

5.3.1　数据来源

本章将在空间均衡模型框架下考察劳动力成本对人力资本空间分布的影响，使用的个人层面数据需要有足够大的流动人口样本，以及劳动力流动和收入信息。鉴于此，本章选择 2005 年人口普查微观数据和 2012—2015 年国家卫生健康委员会开展的全国流动人口动态监测调查数据。这两个数据提供了足够大的流动人口样本，能够覆盖全国主要人口流入地。其中，全国流动人口动态监测调查数据从全国流动人口集中流入地中抽取，调查了流动人口的基本人口学特征、流动原因、就业情况和收入水平等信息，抽样范围包括全国 31 个省（自治区、直辖市，不含港澳台地区）以及新疆生产建设兵团，抽取样本点的方法为分层、多阶段、与规模成比例的 PPS 方法。2012—2014 年的调查对象限定为本县（市、区）户口的 15~59 岁流动人口，并且需在流入地居住一个月以上。2015 年的调查对象不设年龄上限，仅要求流动人口年龄为 15 岁及以上。

由于现有人口普查微观数据仅 2005 年提供了个人收入信息，本章采用两种方法来处理此问题，以保证估计结果的稳健性。在基准结果中，本章直接使用 2005 年人口普查微观数据和 2012—2015 年流动人口动态监测调查数据进行参数估计，这样做的原因有二：一是流动人口动态监测调查数据覆盖了全国主要人口流入城市，且每年样本量足够大。单纯从流动人口角度，该数据不仅在全国和省级层面有代表性，对城市群和重点城市也有较好的代表性。二是使用基期本地人口收入与时间的交互项来近似当期本地人口收入。同时，估计过程并未使用高、低技能流动人口绝对数，而是一阶差分后的对数高、低技能流动人口数。这意味着本章关注的是高、低技能流动人口的变化趋势，标准化后并不影响估计结果。本章在 5.5.2 小节的稳健性分析中，使用 2005—2015 年人口普查微观数据来计算流动人口。就 2010 年和 2015 年人口普查微观数据缺少收入的问题，我们使用对应年份流动人口动态监测调查数据计算出的城市平均收入作为替代（Khanna et al.，2021）。

5.3.2 样本选择与数据清理

本章的数据清理过程共分为三步：

第一步，确保 2005 年人口普查微观数据和全国流动人口动态监测调查数据提供的信息相同，并保证筛选出的样本契合理论模型设定。首先，利用 2005 年人口普查微观数据提供的"离开户口登记地原因"等信息，将数据划分为流动人口和非流动人口样本。其次，识别长期居留人口，保证参数估计结果能够准确捕捉社保政策对人力资本空间分布的影响。具体而言，我们删除了流入调查地时间超过 5 年的样本。最后，为了保证筛选后的样本符合劳动力流动理论，仅保留流动原因为务工经商的样本。

第二步，处理样本的就业和收入等信息，使本章的理论模型能够和实际数据契合。我们将个人年龄限制在 18 ~ 59 岁，并删除自雇和失业样本。同时，通过清理收入等变量的异常值，避免了极端值造成的估计偏误。

第三步，选择合适的备选城市集。从劳动力流动理论看，全国所有城市都属于劳动力流动的备选城市。在实际流动过程中，劳动力集中流入部分城市，其余城市的流动人口规模很小。结合参数估计设定，需要保证每个流入地有足够多的观测值，并尽量保留更多城市来提高备选城市数量。因此，本章删除了高、低技能流动人口小于 15 的城市样本。就劳动力技能分类而言，本章将高中及以上学历定义为高技能劳动力，初中及以下学历定义为低技能劳动力。经过上述处理过程后，备选城市数量为 96 个，适当放宽或收紧样本量限制不会改变本书的基本结论。

5.3.3 城市福利指标构造

城市福利是一个综合评价指标。参照 Diamond（2016），我们使用《城市统计年鉴》《中国区域经济统计年鉴》和空气质量站点监测数据，从五个方面度量可观测的城市福利：第一，城市娱乐活动发展情况，包括人均公共图书馆图书藏量和互联网宽带接入占比两个指标。第二，城市交通基础设施建设水平，含人均实有出租汽车数、人均实有公共营运汽电车数和人均公路客运量三个部分。第三，城市环境状况，由人均公园绿地面积和空气质量构成。第四，城市公共教育质量，用普通小学生师比和教育事业费支出占地方一般公共预算支出比度量。第五，城市公共医疗卫生服务，由医院数、人均床位数和人均执业或助理医师数三个指标组成。

上述变量反映了城市福利的不同维度信息，直接纳入参数估计会造成待估参数过多的问题。鉴于此，本章通过主成分分析（principal components analysis）进行降维处理，将这些变量合并为一个单一的城市福利指标。考虑到各分类所含变量数不同，本章首先使用主成分分析计算出各分类的单一指标，再将五个分类合并为单一的城市福利指标。

5.3.4　企业社会保险缴费基数负担指标构造

我国企业社保缴费金额由缴费率和缴费基数共同组成。当企业平均月工资低于地区上年度非私营单位平均工资的60%时[1]，企业按照60%这一比例进行缴纳，此标准构成了社保缴费基数的卜限[2]。由于社保缴费基数下限 $lowline_{ct}$ 由政府规定，当期市场行为并不会影响社保政策标准，所以当期劳动力市场与当期社保缴费基数下限间不存在逆向因果问题。各地社保缴费基数下限信息来自人力资源和社会保障部门网站以及政府公报。

与3.2.2小节一致，本章参考已有文献的设定（杜鹏程 等，2021；徐舒 等，2022），使用社保缴费基数下限 $lowline_{ct}$ 与最低工资 MW_{ct} 的比值来度量企业社保缴费基数负担：

$$SSC_{ct} = lowline_{ct}/MW_{ct}$$

SSC_{ct} 的取值越大，企业面临的社保缴费基数下限与最低工资的差距越大，相应的社保缴费基数负担越重。对数社保缴费基数负担记为 ssc_{ct}。为了验证指标的稳健性，本章在5.5.2小节的稳健性分析中直接使用社保缴费基

---

[1]　2019年《降低社会保险费率综合方案》实施后，社保缴费基数下限为地区上年度全口径平均工资的60%。

[2]　如前文所述，社保缴费基数上限对劳动力市场的影响很小，故忽略了社保缴费基数上限的影响。

数下限 $lowline_{ct}$ 衡量社保缴费基数负担，这并不改变本书的基本结论。

5.3.5　描述统计

表 5.1 是个人信息变量的描述统计结果，第（1）—（2）列分别展示了流动人口中高、低技能劳动力的个人信息。可以发现，高技能劳动力平均对数收入为 7.68，高于低技能劳动力的 7.35。高技能劳动力的平均年龄约为 29 岁，比低技能劳动力约小 3 岁，说明低技能劳动力跨地区流动的时间更早。高、低技能劳动力间的性别和民族构成相差不大，均以男性和汉族人口为主。值得注意的是，高、低技能劳动力间的户口特征相差较大，高技能劳动力的农业户口人数占比为 67%，而低技能劳动力的农业户口人数占比高达 95.2%，意味着流动人口中的低技能劳动力基本由农村居民构成。

表 5.1　个人特征描述统计结果

变量名称	（1） 高技能劳动力	（2） 低技能劳动力
对数收入	7.681 (0.602)	7.353 (0.591)
年龄/10	2.856 (0.711)	3.152 (0.958)
性别（女性=0；男性=1）	0.565 (0.496)	0.536 (0.499)
户口特征（城镇户口=0；农业户口=1）	0.670 (0.470)	0.952 (0.214)
民族（少数民族=0；汉族=1）	0.959 (0.197)	0.929 (0.256)
流动时间	1.907 (1.541)	1.728 (1.584)
户籍地所属省份	39.263 (10.786)	41.344 (9.594)
观测值	112 871	179 409

注：数据来源为 2005 年人口普查微观数据和 2012—2015 年全国流动人口监测调查数据，括号内为标准差。

表 5.2 汇报了城市特征的描述统计结果。其中，房租信息来自 2005 年人口普查微观数据和全国流动人口监测调查数据，使用各城市在对应年份

的房租中位数计算得到。结果显示，城市对数房租的均值为 5.60，对数社保缴费基数下限 ln*lowline* 的均值为 7.42，而对数社保缴费基数负担 *ssc* 的均值为 0.65。城市福利的最小值和最大值分别为 -1.97 和 19.38，标准差为 2.60，表明城市间的城市福利具有较大差异。

表 5.2　城市特征描述统计结果

变量名称	变量含义	观测值	均值	标准差	最小值	最大值
r	对数房租	480	5.596	0.479	4.194	6.761
ln*lowline*	对数社保缴费基数下限	480	7.420	0.473	6.046	8.160
ssc	对数社保缴费基数负担	480	0.645	0.203	-0.078	1.271
A	城市福利	480	1.091	2.596	-1.973	19.378

注：房租来自 2005 年人口普查微观数据和全国流动人口监测调查数据，使用各城市在对应年份的房租中位数计算得到。

5.4　参数估计过程

本部分将结合人口普查微观数据与全国流动人口动态监测调查数据，估计出理论模型中的相关参数。首先介绍参数估计所需数据的生成过程，然后分别说明各方程的参数估计设定，整体遵循从模型设定到解决内生性问题的思路。

5.4.1　预期收入与城市工资率

本部分生成了后续参数估计所需数据。参考 Dahl（2002），我们利用真实观测到的劳动力 i 的收入 $\ln inc_{ict}$，采用如下回归设定来反推对数预期收入 w_{ict}^{s}：

$$\ln inc_{ict} = \gamma_1^{s}\Theta \cdot X_{ict} + \gamma_2^{s}f(Corr_{ict}) \cdot \Theta + \gamma_3^{s}g(Work_{ict}) \cdot \Theta + FE_{ct}^{s} + \mu_{ict}$$

其中，$Corr_{ict}$ 为给定技能、性别、户籍所属地域[①]、户口以及年龄组[②]的人群，从户籍地流动到当前居住城市的概率。$f(Corr_{ict})$ 为 $Corr_{ict}$ 的一次项、二次项和三次项；$Work_{ict}$ 表示给定技能、性别、年龄组的人群在当前居住

[①]　分别有华东、华南、华北、华中、西南、西北和东北七个地区。

[②]　分为 18~30 岁、31~45 岁、46~60 岁三组。

城市的平均就业概率，g（$Work_{ict}$）为 $Work_{ict}$ 的一次项和二次项；特征变量 Θ 为城市规模[①]。个体特征 X_{ict} 包括年龄及其平方、受教育程度[②]、性别、民族、户口、婚姻状况、流动时间虚拟变量、户籍所属地域以及是否拥有城职保[③]。FE 为城市、时间和技能层面的固定效应。

因此，t 时期 s 技能劳动力 i 流入任意备选城市 c 时的对数预期收入 w_{ict}^s $= \gamma_1^s \Theta \cdot X_{ict} + FE_{ct}^s$。由于 w_{ict}^s 等于对数人力资本 $\ln l_{ict}^s$ 与对数城市工资率 w_{ct}^s 之和，那么对数人力资本 $\ln l_{ict}^s = \gamma_1^s \Theta \cdot X_{ict}$，对数城市工资率 $w_{ct}^s = FE_{ct}^s$。

5.4.2 劳动力供给方程

（1）估计步骤

在对数预期收入 w_{ict}^s 已知的情况下，可以使用 BLP 两步法（Berry et al., 2004）估计劳动力供给方程式（5.4）和式（5.5）：

$$V_{ict}^s = \Gamma_{ct}^s + \lambda^s w_{ict}^s + \lambda_{mc}^s x_i \cdot mc_{ict} + \varepsilon_{ict}$$

$$\Gamma_{ct}^s = \lambda_r^s r_{ct} + \lambda_A^s A_{ct} + \lambda^s \ln(1 - \tau_t^l) + \xi_{ct}^s$$

第一步估计是利用 McFadden（1973）提出的条件 Logit 模型估计上述第一行方程中的参数 $\{\Gamma_{ct}^s, \lambda^s, \lambda_{mc}^s\}$。其中，$\Gamma_{ct}^s$ 表示 t 时间 s 技能劳动力流入 c 城市的平均效用。λ^s 反映 s 技能劳动力供给弹性，且不存在内生性问题（Bayer and Timmins, 2007）。λ_{mc}^s 表示流动成本对 s 技能劳动力流动的影响。由于全国流动人口动态监测调查数据仅提供了户籍地所属省份，本章使用劳动力是否跨省流动，以及劳动力户籍地所属省份的省会城市到备选城市 c 的距离表示流动成本 mc_{ict}。劳动力 i 的非技能个人特征变量 x_i 包括性别和年龄[④]。基于估计结果，可以求得流动概率 $\Pr_{ict}^s$。结合人力资本 l_{ict}^s，有高技能劳动力供给 $H_{ct} = \sum_i (\Pr_{ict}^H \times l_{ict}^H)$，低技能劳动力供给 $L_{ct} = \sum_i (\Pr_{ict}^L \times l_{ict}^L)$。

第二步是利用固定效应模型估计城市房租、城市福利和个人社保缴费对 s 技能劳动力平均效用 Γ_{ct}^s 的影响，即式（5.5）。将当期数据与 2005 年

[①] 我们依据城市人口数将全样本均分为五组，以此表示城市规模大小。

[②] 分为小学及以下、初中、高中、大专及以上四组。

[③] 2005 年人口普查微观数据未记录劳动力是否购买城职保，故用是否购买工伤保险代替。为了排除统计口径带来的误差，还控制了是否有城职保与时间的交互项。

[④] 加入劳动力的户口分类等其他变量后，所得参数估计结果基本不变。

基期进行一阶差分后，有：

$$\Delta\Gamma_{ct}^{s} = \lambda_{r}^{s}\Delta r_{ct} + \lambda_{A}^{s}\Delta A_{ct} + \lambda^{s}\Delta\ln(1 - \tau_{t}^{I}) + \Delta\xi_{ct}^{s} \qquad (5.9)$$

参数 λ_{r}^{s} 和 λ_{A}^{s} 分别表示城市房租和城市福利对 s 技能劳动力效用的影响，个人社保缴费率变化为常数，误差项 ξ_{ct}^{s} 为不可观测的城市福利。

（2）内生性问题

在式（5.9）中，对数房租 r_{ct} 存在内生性问题。原因在于，政府通过土地市场获得的财政收入被用于公共服务，这将进一步推高房价，使得不可观测的城市福利 ξ 与城市房价正相关（梁若冰和汤韵，2008；汤玉刚等，2016）。本章使用劳动力需求冲击与住房供给弹性的交互项作为工具变量来解决内生性问题（Diamond，2016；Piyapromdee，2021）。一方面，采用 Bartik（1991）提出的偏离-份额（shift-share）方法构造高、低技能劳动力需求的工具变量，可以保证工具变量与 ξ 不相关。同时，高、低技能劳动力需求增加会吸引人口流入，进而推高房价（陈斌开和张川川，2016），使得工具变量与内生变量相关。另一方面，住房供给弹性与城市房价和房租显著相关，并且住房供给弹性基本由自然地理特征决定，和 ξ 不相关（陈斌开和杨汝岱，2013；陆铭 等，2015）。因此，劳动力需求冲击和住房供给弹性的交互项能够满足工具变量的外生性与相关性要求。

具体地，本章根据劳动力流入地和流出地信息，使用 Bartik 方法构造高、低技能劳动力需求冲击（Card，2009；Tabellini，2020）：

$$\widehat{w}_{ct}^{H} = \ln\left(\sum_{o} \frac{H_{oc0}}{H_{c0}} \cdot W_{o,-c,t}^{H} \right)$$

$$\widehat{w}_{ct}^{L} = \ln\left(\sum_{o} \frac{L_{oc0}}{L_{c0}} \cdot W_{o,-c,t}^{L} \right)$$

其中，H_{c0} 和 L_{c0} 分别表示城市期初高技能劳动力和低技能劳动力数，H_{oc0} 和 L_{oc0} 分别表示从户籍地 o 流入城市 c 的基期高、低技能劳动力数。为了提高工具变量的外生性，我们使用留一法（leave-one-out）计算得到除流入城市 c 外，从户籍地 o 流入其余城市的劳动力平均工资 $W_{o,-c,t}$（Goldsmith-Pinkham et al.，2020）。

本章使用城市五十千米范围内的不可开发土地①占比 x_{c}^{geo} 作为住房供给

---

① 不可开发土地包括坡度大于 15 度的土地以及河流、湖泊等，由 2000 年全国地图计算得到。

弹性的代理变量（*Saiz*，2010），原因在于城市内部的不可开发土地面积越多，城市提高住房供给的难度越高，住房供给越没有弹性。

整体而言，s 技能劳动力供给方程的矩约束为 $E(\Delta \xi_{ct}^s \Delta Z_{ct}^s) = 0$，工具变量是 $\Delta Z_{ct}^s \in \{ \widehat{\Delta w_{ct}^s} \times x_{ct}^{geo} \}$。

5.4.3　劳动力需求方程

（1）估计步骤

对式（5.7）和式（5.8）取差分后便可到高、低技能劳动力需求函数：

$$\Delta w_{ct}^H = \Delta C_{ct} - \beta_N^H w_{c0}^N \times D_t - \eta^{H, N} \Delta ssc_{ct}$$
$$+ (1 - \rho)(\Delta \ln M_{ct} - \Delta \ln H_{ct}) + \Delta \ln \theta_{ct}^H + v_{ct}^H \tag{5.10}$$

$$\Delta w_{ct}^L = \Delta C_{ct} - \beta_N^H w_{c0}^N \times D_t - \eta^{L, N} \Delta ssc_{ct}$$
$$+ (1 - \rho)(\Delta \ln M_{ct} - \Delta \ln L_{ct}) + \Delta \ln \theta_{ct}^L + v_{ct}^L \tag{5.11}$$

待估参数包括 β_N^H、$\eta^{s, N}$ 和 ρ。ΔC_t 表示时间固定效应。$w_{c0}^N \times D_t$ 是 2005 年基期对数本地人口工资率 w_{c0}^N 与时间虚拟变量 D_t 的交互项，β_N^H 为本地人口工资率的影响。参数 $\eta^{s, N} = \eta^s + (1-\beta)/\beta \times \eta^N$ 反映了社保缴费基数负担对 s 技能劳动力工资率的影响。由于识别条件不足，本章将 $(1-\beta)/\beta \times \eta^N$ 视为一个整体，后文重点分析 $\eta^{L, N} - \eta^{H, N}$，即社保缴费基数负担对不同技能劳动力的异质性影响。参数 ρ 确定了高、低技能劳动力替代弹性 $\sigma = 1/(1-\rho)$。然后，将高、低技能劳动力生产率之和标准化为 1，便可推导出高、低技能劳动力生产率[①]：

$$\theta_{ct}^H = \frac{W_{ct}^H H_{ct}^{1-\rho}}{W_{ct}^H H_{ct}^{1-\rho} + W_{ct}^L L_{ct}^{1-\rho}}$$

$$\theta_{ct}^L = \frac{W_{ct}^L L_{ct}^{1-\rho}}{W_{ct}^H H_{ct}^{1-\rho} + W_{ct}^L L_{ct}^{1-\rho}}$$

最后，v_{ct}^H 和 v_{ct}^L 分别为一阶近似本地人口工资率产生的测量误差，包含了本地人口生产率等信息。

---

① 本书并不讨论技术进步的经济效应，故采用此方法计算不同技能劳动生产率是合理的。使用城市人口数等信息对劳动生产率进行一阶近似（Diamond，2016），不会改变本书的基本结论。

（2）内生性问题

劳动力需求方程的内生性来源有二。一是企业高、低技能劳动力需求与本地人口工资率的不可观测部分 v^s 相关。二是本地人口工资率的序列相关使得 v^s 与社保缴费基数负担相关。

我们采用 Bartik 方法构造高、低技能劳动力需求的工具变量：

$$\widehat{H}_{ct} = \sum_o \frac{H_{oc0}}{H_{c0}} \cdot H_{o,\,-c,\,t}$$

$$\widehat{L}_{ct} = \sum_o \frac{L_{oc0}}{L_{c0}} \cdot L_{o,\,-c,\,t}$$

我们同样采用留一法排除流入城市 c 的信息。$H_{o,-c,t}$ 和 $L_{o,-c,t}$ 分别表示除流入地 c 外，户籍地 o 的当期高技能劳动力数和低技能劳动力数。变量 $\widehat{H}_{ct}$ 和 $\widehat{L}_{ct}$ 分别为高、低技能劳动力需求的工具变量。

接下来，我们通过构造社保缴费基数下限和最低工资的工具变量得到企业社保缴费基数负担的工具变量。

首先，依据中央政府规定，社保缴费基数下限为地区去年非私营企业平均工资的 0.6 倍。因此，利用非私营企业工资可以构造出城市社保缴费基数下限的 Bartik 工具变量 $\widehat{lowline}_{ct}$：

$$\widehat{lowline}_{ct} = 0.6 \times \sum_j \frac{L_{cj}}{L_c} \cdot W_{jt} \tag{5.12}$$

其中，$L_{cj,2005}$ 是 c 城市 j 行业在 2005 年时的非私营单位就业人数，$L_{cj,2005}/L_{c,2005}$ 衡量了期初非私营单位就业人员在各行业的比重，W_{jt} 是全国 j 行业 t 时期非私营单位就业人员的平均工资。

其次，使用 Mayneris et al.（2018）的方法构造最低工资的工具变量 $\widehat{MW}_{ct}$，具体设定如下：

$$\widehat{MW}_{ct} = MW_{c,\,t-2} \times (1 + \pi_{prov,\,-c}^{2002-2005})^2$$

其中，$MW_{c,t-2}$ 为滞后两期的最低工资，$\pi_{prov,-c}^{2002-2005}$ 为 2002—2005 年省份 $prov$ 中除城市 c 以外，其他城市的最低工资增长率。

最后，对数社保缴费基数负担的工具变量为

$$\widehat{ssc}_{ct} = \ln \widehat{lowline}_{ct} - \ln \widehat{MW}_{ct}$$

综上所述，劳动力需求方程的矩约束为 $E(\Delta v_{ct}^s \Delta Z_{ct}^s) = 0$，工具变量是 $\Delta Z_{ct}^s \in \{\Delta \ln \widehat{H}_{ct}, \Delta \ln \widehat{L}_{ct}, \Delta \widehat{ssc}_{ct}\}$。

5.4.4 住房供给方程

由于全国流动人口动态监测调查数据并不包含本地居民信息，我们同样使用 2005 年人口普查微观数据计算出的基期本地住房需求 $\ln Q_{c0}^N$ 与时间虚拟变量 D_t 的交互项来拟合当期本地住房需求。对住房供给方程取一阶差分后有：

$$\Delta r_{ct} = (\phi_{scale} + \phi_{geo} x_c^{geo}) \left[\Delta \ln(1 - \tau_t^I) + \Delta \ln(\zeta^H W_{ct}^H H_{ct} + \zeta^L W_{ct}^L L_{ct}) \right] + \phi^N \ln Q_{c0}^N \times D_t + \Delta v_{ct}^r$$

$$(5.13)$$

上述等式的内生性来源是，房租提高带来的生活成本上涨会阻碍劳动力流入，存在互为因果问题。本章使用的工具变量包括高、低技能劳动力供给的 Bartik 工具变量，及其与住房供给弹性的交互项（Diamond，2016；Piyapromdee，2021）。一方面，劳动力供给的 Bartik 工具变量与流动人口规模存在相关性，且与残差项 v^r 无关；另一方面，住房供给弹性是决定住房价格的外生因素。

根据式（5.13）可知，住房市场的矩约束是 $E(\Delta v_{ct}^r \Delta Z_{ct}) = 0$，工具变量为 $\Delta Z_{ct} \in \{\widehat{\Delta \ln H_{ct}}, \widehat{\Delta \ln H_{ct}} \times x_c^{geo}, \widehat{\Delta \ln L_{ct}}, \widehat{\Delta \ln L_{ct}} \times x_c^{geo}\}$。

5.5 参数估计结果

劳动力供给第一步的估计方法是条件 Logit 模型，劳动力供给方程第二步式（5.9）、劳动力需求方程式（5.10）和式（5.11），以及住房供给方程式（5.13）被视为一个整体，估计方法为广义矩估计（generalized method of moments，GMM）。此部分汇报了本章参数估计的基准结果，并与现有文献以及不同设定得出的结果进行对比来验证基准结果的稳健性。

5.5.1 基准结果

表 5.3 的 Panel A 是劳动力供给方程第一步的估计结果。结果显示，流动人口中高技能劳动力的供给弹性为 2.08，意味着高技能劳动力工资每提高 1%，高技能劳动力流入人数提高 2.08%。低技能劳动力的供给弹性

等于2，比高技能劳动力略小。现有文献得到的中国劳动供给弹性小于2（Khanna et al.，2021；Tombe and Zhu，2019），表5.3的结果较之偏大。形成此差异的原因是，本章关注的是流动人口，而流动人口的供给弹性普遍高于本地居民。与其他国家相比，Piyapromdee（2021）估计出美国的高技能流动人口供给弹性约为3.83，而低技能流动人口供给弹性则处于1.23~2.96的区间范围内，Diamond（2016）和Colas and Hutchinson（2021）使用美国全人口样本得到的结果与之接近。是以，劳动力供给弹性取值处于合理区间范围内。

流动成本会带来效用损失，且低技能劳动力的流动成本更高。具体而言，高技能劳动力跨省流动带来的负效用等价于工资提高126.30%[①]，低技能劳动力为138.52%。从地理距离来看，流动距离每增加1%，高技能劳动力工资需提高0.16%才可补偿效用损失，略小于低技能劳动力的0.19%。

表 5.3　关键参数估计结果

Panel A：劳动力供给方程第一步		
	高技能劳动力	低技能劳动力
对数预测收入 λ	2.080 ***	2.004 ***
	(0.013)	(0.000)
流动成本 λ_{mc}：是否跨省	-2.627 ***	-2.776 ***
	(0.009)	(0.001)
流动成本 λ_{mc}：对数距离	-0.325 ***	-0.377 ***
	(0.000)	(0.000)
Panel B：劳动力供给方程第二步		
	高技能劳动力	低技能劳动力
城市福利 λ_A	-0.046	-0.027
	(0.042)	(0.057)
对数房租 λ_r	-0.462 **	-0.396 **
	(0.212)	(0.189)
Panel C：高、低技能劳动力替代弹性 σ		
ρ	0.706 ***	
	(0.166)	

① 计算公式为 $-\lambda_{mc}/\lambda$，即（-2.627）/2.08×100%≈126.30%。

$\sigma = 1 / （1-\rho）$	3.401	
Panel D：劳动力需求方程		
	高技能劳动力	低技能劳动力
$\eta^{s,N}$	0.312** (0.132)	0.480*** (0.146)
$\eta^H - \eta^L$	−0.168*	
χ^2检验统计量	2.73	
Panel E：住房供给方程		
ϕ_{scale}	1.503 (2.581)	
ϕ_{geo}	−0.065 (1.346)	

注：*、**、***分别表示在10%、5%和1%的显著性水平上显著，标准差聚类在城市层面。Panel A 为劳动力供给方程第一步的估计系数，估计方法为条件 Logit 模型，样本量为28 058 880。对数预测收入的系数 λ 表示劳动力供给弹性。流动成本包括劳动力是否跨省流动和地区间对数距离，系数 λ_{mc} 反映流动成本对劳动力流动的影响。Panel B 至 Panel E 的系数由 GMM 得到，样本量为384，权重为2005年基期城市适龄流动人口数。在 Panel B 中，城市福利和对数房租的系数 λ_A 和 λ_r 分别表示城市福利和房租对劳动力流动概率的影响。Panel C 汇报了高、低技能劳动力替代弹性 $\sigma = 1 / （1-\rho）$。Panel D 中，参数 $\eta^{s,N} = \eta^s + （1-\beta）/\beta \times \eta^N$。其中，$\eta^s > 0$ 衡量了 s 技能劳动力社保缴费基数负担的税收弹性。在其他条件不变的情况下，社保缴费基数负担每提高1%，企业雇佣 s 技能劳动力的成本提高 η^s%。$\eta^H - \eta^L$ 反映了高技能劳动力相对成本变动。χ^2 检验统计量汇报的是 $\eta^H - \eta^L$ 是否等于零的 χ^2 统计量。Panel E 展示了住房供给方程的基础反住房供给弹性 ϕ_{scale} 和城市不可用土地对反住房供给弹性的调节效应 ϕ_{geo}。

Panel B 展示了城市福利和房租对劳动力效用的影响。城市福利对不同技能劳动力效用的影响为负，但不显著（赵方和袁超文，2017）。造成此结果的原因是，估计系数 λ_A 包含城市福利对劳动力效用的正向影响和户籍门槛的负向影响（张吉鹏和卢冲，2019）。高技能劳动力效用对房租的弹性为−0.46，小于低技能劳动力的−0.40，意味着高技能劳动力更偏好房租较低的城市。结合劳动力供给弹性，可求得高技能劳动力的住房消费支出占总消费的份额 $\zeta^H = -\lambda_r^H / \lambda^H$ 为22.21%，对应的低技能劳动力住房消费份额为19.76%。

Panel C 显示，参数 ρ 的估计结果为0.71，且在1%显著性水平下显著，对应的高、低技能劳动力替代弹性 σ 等于3.40。现有文献估计出的高、低技能劳动力替代弹性的取值范围通常为 1～3（Katz and Autor，1999）。造成本章估计结果略大的原因是，本章使用劳动力是否拥有高中及以上学历进行技能分组，且数据中仅包括流动人口样本（Card，2009；Card and Lemieux，2001）。此外，Colas and Hutchinson（2021）估计出美国高、技能劳动力替代弹性为 3.63，赵方和袁超文（2017）利用中国数据估计出的结果大于 10，故本章的估计结果仍处于合理区间范围内。

Panel D 汇报了社保缴费基数负担对城市工资率的影响。由于识别条件不足，我们通过 $\eta^{H,N}-\eta^{L,N}$ 计算出 $\eta^{H}-\eta^{L}$，得到社保缴费基数负担对企业雇佣高、低技能劳动力社保税率影响的差异。可以看出，高、低技能劳动力社保缴费基数负担的税收弹性之差 $\eta^{H}-\eta^{L}$ 等于 -0.17。该结果意味着，企业社保负担下降有助于提升劳动力工资水平，并且对低技能劳动力工资率的影响大于高技能劳动力。从具体取值来看，企业社保缴费基数负担每提高 1%，低技能劳动力的社保税率比高技能劳动力提高 0.17%。在劳动力需求方程中，社保的影响包括直接效应和间接效应。直接效应为社保缴费基数负担对城市工资率的影响，变动幅度由 η^{s}/ρ 决定。间接效应是高、低技能劳动力间的不完全替代对城市工资率的影响。

Panel E 为住房供给方程的估计结果。基础反住房供给弹性 ϕ_{scale} 等于 1.5。城市不可用土地对反住房供给弹性的调节效应 ϕ_{geo} 仅为 -0.07，接近于零。现有文献就我国反住房供给弹性大小尚未达成一致结论。刘修岩等（2019）认为，我国反住房供给弹性为 1.98，并且自然地理约束会显著影响反住房供给弹性。赵方和袁超文（2017）发现，我国基础反住房供给弹性处于 0.63 至 1.03 间，城市不可用土地对反住房供给弹性的调节效应接近于零。

5.5.2　稳健性分析

（1）流动人口计算方式

本章的基准结果使用 2005 年人口普查微观数据和 2012—2015 年流动人口动态监测数据计算城市流动人口信息。接下来，本章使用 2005—2015 年人口普查微观数据来计算流动人口数。由于 2010 年和 2015 年人口普查微观数据缺少收入信息，我们使用对应年份流动人口动态监测调查数据计算出城市高、低技能流动人口的对数平均收入 $\underline{w}^{s}_{ct}$ 进行补充。需要注意的是，估计劳动力人力资本和城市工资率需要微观层面的劳动力收入信息，

故该方法仅能设定城市内所有劳动力的人力资本相等。代入平均收入后，劳动力供给方程变为

$$V_{ict}^s = \Gamma_{ct}^s + \lambda_{mc}^s x_i \cdot mc_{ict} + \varepsilon_{ict}$$

$$\Gamma_{ct}^s = \lambda^s w_{ct}^s + \lambda_r^s r_{ct} + \lambda_A^s A_{ct} + \lambda^s \ln(1 - \tau_t^I) + \xi_{ct}^s$$

参考 Akcigit et al.（2021）和 Piyapromdee（2021），假设住房消费份额 $-\lambda_r / \lambda$ 外生给定。根据 2005 年人口普查微观数据，设高、低技能劳动力住房消费份额分别为 0.202 和 0.149。由于城市平均收入 $\overline{w}_{ct}^s$ 内生，我们使用劳动力需求的 Bartik 变量与住房供给弹性的交互项 $\Delta \overline{w}_{ct}^s \times x_{ct}^{geo}$ 作为工具变量。

表 5.4 汇报了使用 2005—2015 年人口普查微观数据进行参数估计的结果。Panel A 和 Panel B 的估计结果显示，流动人口中高、低技能劳动力供给弹性 λ 分别为 3.25 和 3.33，大于基准结果的 2.08 和 2，但仍处于同一数量级。从流动成本角度看，劳动力流动成本的支付意愿小于基准结果。例如，高技能劳动力跨省流动带来的负效用相当于工资提高 78.11%[1]，小于基准结果的 126.3%。城市福利的系数显著为正，意味着城市福利会提高劳动力效用，此结果与预期相符。在 Panel C 中，高、低技能劳动力替代弹性 σ 为 9.35，比基准结果的 3.4 大，但仍在赵方和袁超文（2017）的估计范围内。Panel D 的高、低技能劳动力社保缴费基数负担的税收弹性之差 $\eta^H - \eta^L$ 等于 -0.14，与基准结果的 -0.17 十分接近。如 Panel E 所示，住房供给方程的各项参数与基准结果相差不大。因此，使用 2005—2015 年人口普查计算的流动人口数进行参数估计，不会改变本书的基本结论。

表 5.4　稳健性检验：流动人口计算方式

Panel A：劳动力供给方程第一步		
	高技能劳动力	低技能劳动力
流动成本 λ_{mc}：是否跨省	-2.537 *** (0.000)	-2.139 *** (0.000)
流动成本 λ_{mc}：对数距离	-0.213 *** (0.000)	-0.257 *** (0.000)

---

① 计算公式为 2.537/3.248×100%=78.11%。

Panel B：劳动力供给方程第二步		
对数收入 λ	3.248** (1.487)	3.332** (1.429)
城市福利 λ_A	0.315*** (0.112)	0.297** (0.133)
住房消费份额 $-\lambda_r/\lambda$	0.202	0.149
Panel C：高、低技能劳动力替代弹性 σ		
ρ	0.893** (0.420)	
$\sigma=1/(1-\rho)$	9.346	
Panel D：劳动力需求方程		
	高技能劳动力	低技能劳动力
$\eta^{s,N}$	0.115 (0.083)	0.257*** (0.085)
$\eta^H-\eta^L$	−0.142**	
χ^2 检验统计量	4.41	
Panel E：住房供给方程		
ϕ_{scale}	1.219 (2.790)	
ϕ_{geo}	−0.007 (0.978)	

注：*、**、*** 分别表示在 10%、5% 和 1% 的显著性水平上显著，标准差聚类在城市层面。Panel A 为劳动力供给方程第一步的估计系数，估计方法为条件 Logit 模型，样本量为 43 411 775。流动成本包括劳动力是否跨省流动和地区间对数距离，系数 λ_{mc} 反映流动成本对劳动力流动的影响。Panel B 至 Panel E 的系数由 GMM 得到，样本量为 226，权重为 2005 年基期城市适龄流动人口数。在 Panel B 中，对数收入的系数 λ 表示劳动力供给弹性，城市福利的系数 λ_A 表示城市福利对劳动力流动概率的影响。假定劳动力住房消费份额 $-\lambda_r/\lambda$ 给定，由 2005 年人口普查微观数据计算得到。Panel C 汇报了高、低技能劳动力替代弹性 $\sigma=1/(1-\rho)$。在 Panel D 中，参数 $\eta^{s,N}=\eta^s+(1-\beta)/\beta\times\eta^N$。其中，$\eta^s>0$ 衡量了 s 技能劳动力社保缴费基数负担的税收弹性。在其他条件不变的情况下，社保缴费基数负担每提高 1%，企业雇佣 s 技能劳动力的成本提高 $\eta^s\%$。$\eta^H-\eta^L$ 反映了高技能劳动力相对成本变动。χ^2 检验统计量汇报的是 $\eta^H-\eta^L$ 是否等于零的 χ^2 统计量。Panel E 展示了住房供给方程的基础反住房供给弹性 ϕ_{scale} 和城市不可用土地对反住房供给弹性的调节效应 ϕ_{geo}。

（2）社保缴费基数负担度量方式

基准结果使用最低工资这一名义工资下限，对社保缴费基数下限 $lowline_{ct}$ 进行了标准化。接下来，我们仅使用社保缴费基数下限 $lowline_{ct}$ 来衡量社保缴费基数负担，以此验证本书结论的稳健性。

由于劳动力供给方程第一步是预先估计部分，所得系数保持不变。因此，表5.5忽略了劳动力供给方程第一步的估计结果。Panel A 展示了劳动力供给方程第二步的估计结果。城市福利的估计系数均为负且不显著，与基准结果一致。高技能劳动力的对数房租的系数 λ_r 等于 -1.35，表明高技能劳动力的住房消费支出份额为 64.81%，与基准结果的 22.21% 相差较大，但仍处于合理区间范围内（Diamond，2016；赵方和袁超文，2017）。低技能劳动力的对数房租的系数为 -0.47，与基准结果的 -0.38 较为接近。Panel B 汇报的高、低技能劳动力替代弹性 σ 为 3.53，与基准结果的 3.40 相差不大。Panel C 中税收弹性之差 $\eta^H - \eta^L$ 为 -0.20，与基准结果 -0.17 处于同一数量级。Panel D 展示的 ϕ_{scale} 和 ϕ_{geo} 也与基准结果基本一致。

综上所述，使用社保缴费基数下限衡量企业社保缴费基数负担后，所得系数与基准结果在方向上是一致的。

表5.5　稳健性检验：社会保险缴费基数负担度量方式

Panel A：劳动力供给方程第二步		
	高技能劳动力	低技能劳动力
城市福利 λ_A	-0.044 （0.070）	-0.001 （0.067）
对数房租 λ_r	-1.348^{***} （0.405）	-0.465^{**} （0.210）
Panel B：高、低技能劳动力替代弹性 σ		
ρ	0.717^{***} （0.148）	
$\sigma = 1/(1-\rho)$	3.534	
Panel C：劳动力需求方程		
	高技能劳动力	低技能劳动力
$\eta^{s,N}$	0.592^{***} （0.076）	0.795^{***} （0.104）
$\eta^H - \eta^L$	-0.203^{**}	

表5.5(续)

χ^2检验统计量	4.04
Panel D：住房供给方程	
ϕ_{scale}	1.203 **
	(0.587)
ϕ_{geo}	−0.111
	(0.566)

注：*、**、***分别表示在10%、5%和1%的显著性水平上显著，标准差聚类在城市层面。由于劳动力供给方程第一步的结果与表5.3的Panel A相同，故此处未汇报劳动力供给方程第一步的估计结果。表中各系数由GMM得到，样本量为384，权重为2005年基期城市适龄流动人口数。在Panel A中，城市福利和对数房租的系数λ_A和λ_r分别表示城市福利和房租对劳动力流动概率的影响。Panel B汇报了高、低技能劳动力替代弹性$\sigma = 1/(1-\rho)$。Panel C中，参数$\eta^{s,N} = \eta^s + (1-\beta)/\beta \times \eta^N$。其中，$\eta^s > 0$衡量了$s$技能劳动力社保缴费基数负担的税收弹性。在其他条件不变的情况下，社保缴费基数负担每提高1%，企业雇佣s技能劳动力的成本提高η^s%。$\eta^H - \eta^L$反映了高技能劳动力相对成本变动。χ^2检验统计量汇报的是$\eta^H - \eta^L$是否等于零的χ^2统计量。Panel D展示了住房供给方程的基础反住房供给弹性ϕ_{scale}和城市不可用土地对反住房供给弹性的调节效应ϕ_{geo}。

（3）企业社保缴费的非收入效应

企业社保缴费可能从非收入效应渠道影响人力资本空间分布：一是未来收入贴现。企业社保缴费提高了劳动力退休后的收入，进而吸引劳动力流入。二是失业效应。企业通过减少雇佣量来转嫁社保缴费压力。在未来收入贴现和失业效应的共同作用下，企业社保缴费基数负担对劳动力效用的影响并不确定。为考察上述非收入效应，我们将劳动力供给方程第二步改写为

$$\Delta \Gamma_{ct}^s = \lambda_r^s \Delta r_{ct} + \lambda_A^s \Delta A_{ct} + \lambda^s \Delta \ln(1 - \tau_t^I) + \lambda_{ssc}^s \Delta ssc_{ct} + \Delta \xi_{ct}^s$$

若$\lambda_{ssc}^s > 0$，社保缴费基数负担带来的未来收入贴现效应更强；反之，社保缴费基数负担带来的失业效应更强。

表5.6展示了考虑非收入效应后的估计结果。其中，劳动力供给方程第一步的估计结果与表5.3相同，故表5.6未汇报此结果。在Panel A中，对数社保缴费基数负担每提高1%，高技能劳动力供给提高0.06%，低技能劳动力供给下降0.06%，所得系数均接近于零且不显著，意味着企业社保缴费带来的未来收入贴现和失业效应相互抵消。其余参数的结果仍处于合理区间范围内，并且和基准结果相差不大。是以，企业社保缴费带来的非收入效应较小，本章的参数估计结果具有稳健性。

表 5.6 稳健性检验：企业社会保险缴费的非收入效应

Panel A：劳动力供给方程第二步		
	高技能劳动力	低技能劳动力
城市福利 λ_A	-0.070	-0.031
	(0.056)	(0.056)
对数房租 λ_r	-1.080^{***}	-0.660^{***}
	(0.306)	(0.219)
对数社保缴费基数负担 λ_{ssc}	0.057	-0.062
	(0.264)	(0.343)
Panel B：高、低技能劳动力替代弹性 σ		
ρ	0.730^{***}	
	(0.141)	
$\sigma=1/(1-\rho)$	3.704	
Panel C：劳动力需求方程		
	高技能劳动力	低技能劳动力
$\eta^{s,N}$	0.309^{**}	0.421^{***}
	(0.155)	(0.130)
$\eta^H-\eta^L$	0.112	
χ^2 检验统计量	1.23	
Panel D：住房供给方程		
ϕ_{scale}	1.306	
	(2.384)	
ϕ_{geo}	2.210	
	(1.433)	

注：*、**、*** 分别表示在 10%、5% 和 1% 的显著性水平上显著，标准差聚类在城市层面。由于劳动力供给方程第一步的结果与表 5.3 的 Panel A 相同，故此处未汇报劳动力供给方程第一步的估计结果。表中各系数由 GMM 得到，样本量为 384，权重为 2005 年基期城市适龄流动人口数。在 Panel A 中，城市福利和对数房租的系数 λ_A 和 λ_r 分别表示城市福利和房租对劳动力流动概率的影响，对数社保缴费基数负担的系数 λ_{ssc} 表示社保缴费基数负担对劳动力流动的影响。Panel B 汇报了高、低技能劳动力替代弹性 $\sigma=1/(1-\rho)$。在 Panel C 中，参数 $\eta^{s,N}=\eta^s+(1-\beta)/\beta\times\eta^N$。其中，$\eta^s>0$ 衡量了 s 技能劳动力社保缴费基数负担的税收弹性。在其他条件不变的情况下，社保缴费基数负担每提高 1%，企业雇佣 s 技能劳动力的成本提高 η^s%。$\eta^H-\eta^L$ 反映了高技能劳动力相对成本变动。χ^2 检验统计量汇报的是 $\eta^H-\eta^L$ 是否等于零的 χ^2 统计量。Panel D 展示了住房供给方程的基础反住房供给弹性 ϕ_{scale} 和城市不可用土地对反住房供给弹性的调节效应 ϕ_{geo}。

5.6 反事实模拟

此部分将基于参数估计结果，讨论劳动力成本驱动的人力资本空间分布变动。理论上，劳动力能够跨地区流动，所有城市是一个有机整体，能够在统一框架下对这些行为做系统化模拟，凸显了结构模型的优势。本部分首先考察劳动力成本对人力资本空间分布的解释力；其次结合现有政策，刻画降低劳动力成本如何改变人力资本空间分布。

5.6.1 劳动力成本对人力资本空间分布的解释力

本章以社保缴费基数负担作为劳动力成本的代理变量，通过构建空间均衡模型并进行结构估计得出了社保缴费基数负担的税收弹性。接下来，我们将量化劳动力成本对人力资本空间分布的解释力。为了消除社保缴费基数负担在城市间的异质性，假设各城市社保缴费基数下限相等，具体取值为当年各城市社保缴费基数下限的均值。将该数据代入模型后，便可得到反事实模拟结果。

由式（5.6）可知，企业雇佣 s 技能劳动力的价格 $\tilde{W}_{ct}^s$ 由工资率 W_{ct}^s 和社保税率 t_{ct}^s 两个部分组成：

$$\tilde{W}_{fct}^s = (1 + t_{ct}^s) W_{fct}^s = (1 + \tau_t^F) SSC_{ct}^{\eta^s} W_{fct}^s$$

对数企业社保缴费基数负担 ssc 与 s 技能劳动力成本 $\tilde{W}_{ct}^s$ 正相关。本章使用对数高、低技能劳动力的成本之比 $\ln(\tilde{W}_{ct}^H / \tilde{W}_{ct}^L)$ 衡量企业雇佣高技能劳动力的相对成本。图 5.2 绘制了社保缴费基数负担和高技能劳动力相对成本间的关系。其中，Δssc 等于反事实得出的对数企业社保缴费基数负担与真实值之差，纵轴为反事实得出的高技能劳动力相对成本与真实值之差。结果显示，由于 $\eta^H - \eta^L < 0$，企业社保缴费基数负担提高了低技能劳动力的相对成本，即高技能劳动力相对成本下降。从企业生产投入角度看，高技能劳动力相对成本下降会带动高技能劳动力相对需求上升。

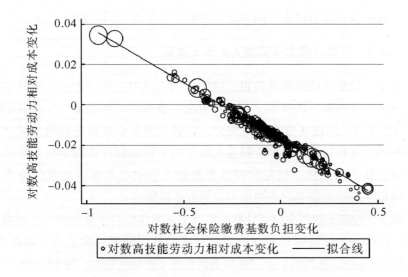

图 5.2 社会保险缴费基数负担与高技能劳动力相对成本

注：横轴对数社会保险缴费基数负担变化等于反事实结果与真实值之差，纵轴对数高技能劳动力相对成本变化为实际数据计算出的对数高技能劳动力相对成本与真实值之差。权重为 2005 年基期城市适龄流动人口数。

基于上述影响机制，我们将计算社保缴费基数负担对人力资本空间分布的解释力。首先，利用高技能劳动力占总劳动力比重衡量 c 城市 t 时期的人力资本 hc_{ct}。其次，采用泰尔指数计算城市人力资本不平等程度：

$$T_t = \frac{1}{n} \sum_c hc_{ct} \ln\left(\frac{hc_{ct}}{\overline{hc_t}}\right)$$

其中，T_t 为 t 时期城市人力资本的泰尔指数，$\overline{hc_t}$ 为 t 时期平均城市人力资本，n 为城市数。最后，根据现实数据计算得到的泰尔指数 T^{data} 和反事实模拟得到的泰尔指数 T^{cf}，有社保缴费基数负担对人力资本空间分布的解释力等于（$1 - T^{cf}/T^{data}$）×100%。由于数据限制，理论模型和参数估计过程中本地人口信息被视为外生给定，故本章计算出的人力资本实际上是流动人口人力资本。为此，我们以城市流动人口比例 s_m 作为权重，将流动人口人力资本 hc_m 和本地人口人力资本 hc_n 加权平均后求得全样本人力资本 hc，计算公式为 $s_m \times hc_m +$（$1 - s_m$）$\times hc_n$。考虑到 2005 年人口普查微观数据提供了详细的本地居民信息，我们仅使用 2005 年相关数据来计算解释力。

根据估算，社保缴费基数负担能够解释 10.53% 的人力资本空间分布变动，意味着劳动力成本空间差异是影响人力资本空间分布的关键。

5.6.2 劳动力成本下调与人力资本集聚

为了减轻企业社保缴费负担、降低劳动力成本，我国近年来施行了一系列社保制度改革。2019年，国务院办公厅发布的《降低社会保险费率综合方案》（以下简称《方案》）规定，各省区市应以城镇非私营单位就业人员平均工资和城镇私营单位就业人员平均工资加权计算的全口径城镇单位就业人员平均工资，核定社保缴费基数上下限。本章以此政策作为依据，模拟了劳动力成本对人力资本空间分布的影响。

图5.3绘制了按照全口径计算的平均工资与非私营单位就业人员平均工资之比，这一指标能够衡量《方案》带来的社保缴费基数负担下降幅度。《方案》实施后，东部地区社保缴费基数负担下降幅度最大，为18.64%。

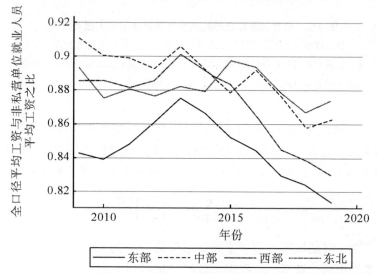

图5.3　全口径平均工资与非私营单位就业人员平均工资之比

注：全口径平均工资等于私营单位和非私营单位就业人员的平均工资。

图5.4绘制了劳动力成本空间差异推动的人力资本集聚趋势。由于东部地区企业社保缴费基数负担下降更多，结合社保缴费基数负担和企业各技能劳动力需求间的关系可知，《方案》大幅降低了东部地区低技能劳动力相对成本，使得人力资本从东部向中西部地区和东北地区转移。

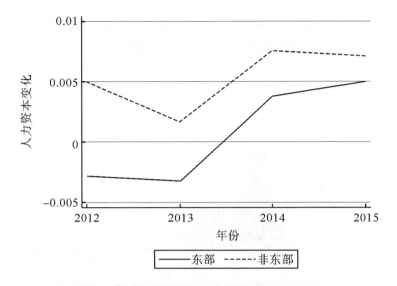

图 5.4 劳动力成本空间差异推动的人力资本集聚

注：人力资本变化反映的是《方案》推动的东部和非东部地区人力资本
变化情况，计算方式为反事实模拟得到的人力资本与真实值之差。由于缺乏
2004 年各地区私营单位就业人员平均工资，反事实模拟结果不包含 2005 年
的信息。

接下来，我们计算《方案》对劳动力效用的影响。将反事实设定下的
社保税率 $t_{ct}^{'}$ 和均衡解 $\{w_{ict}^{s^{'}}, r^{'}\}$ 代入间接效用函数式（5.4），可以求得劳
动力 i 流入 c 城市时的间接效用水平：

$$V_{ict}^{s^{'}} = \Gamma_{ct}^{s^{'}} + \lambda^{s} w_{ict}^{s^{'}} + \lambda_{mc}^{s} x_{i} \cdot mc_{ict} + \varepsilon_{ict}$$

其中，$\Gamma_{ct}^{s^{'}} = \lambda_{r}^{s} r_{ct}^{'} + \lambda_{A}^{s} A_{ct} + \lambda^{s} \ln(1 - \tau_{t}^{I}) + \xi_{ct}^{s}$。根据效用最大化原则，劳动力
i 的期望效用 $E(U_{it}^{s}) = E(\max_{c} V_{ict}^{s^{'}})$。由于异质性偏好 ε_{ict} 服从第 I 类极值分
布，可以使用加总的方式求得期望效用：

$$E(U_{it}^{s}) = \ln\left[\sum_{c} \exp(V_{ict}^{'})\right]$$

理论上，企业社保缴费基数负担下降会推高劳动力工资[①]，并且低技
能劳动力工资提升幅度更大，意味着低技能劳动力效用增长更多。图 5.5
刻画了《方案》带来的异质性劳动力效用变化。平均意义上，《方案》使

---

① 企业雇佣劳动力的价格包括工资和社保缴费两部分。调低企业社保缴费基数有助于提高
劳动力工资，并且降低企业雇佣劳动力的价格，即劳动力成本下降。

高技能劳动力效用提高了 0.67%，而低技能劳动力效用提升幅度更大，为 1.18%，表现为高、低技能劳动力间的效用差距缩小。

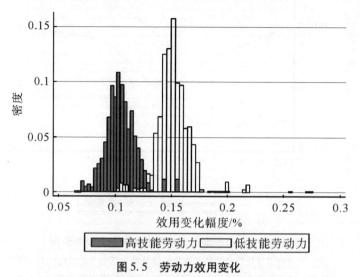

图 5.5　劳动力效用变化

注：由于缺乏 2004 年各地区私营单位就业人员平均工资，反事实模拟结果不含 2005 年的样本。

5.7　本章小结

本章从理论和实证两个角度考察了劳动力成本对人力资本空间分布的影响，进而论证劳动力成本在人力资本市场化配置改革中的重要性，为制定科学合理的人力资本空间分布政策提供了理论支撑。具体而言：本章利用具有地区异质性的社保缴费基数作为代理变量，研究了劳动力成本对人力资本空间分布的影响。估计结果显示，在流动人口中，企业社保缴费基数负担每提高 1%，企业雇佣低技能劳动力的社保税率比高技能劳动力提高 0.17%。因此，社保缴费基数负担下降使得高技能劳动力相对成本提升，企业高技能劳动力相对需求减少。根据估算，社保缴费基数负担能够解释 10.53% 的人力资本空间分布变动，表明劳动力成本对人力资本空间分布有着较强的解释力。进一步，借助《降低社会保险费率综合方案》带来的社保缴费基数负担下降，考察了劳动力成本下降对人力资本集聚方向的影响。反事实模拟显示，由于东部地区劳动力成本下降幅度更大，人力资本向东部地区集聚的趋势放缓。

本章明晰了劳动力成本，特别是异质性劳动力成本对人力资本空间分布的影响，研究结论有助于厘清成本机制在优化人力资本空间分布中的重要性。第一，在保证劳动力合法权益的基础上，适当降低政府部门对劳动力成本的干预力度。现阶段，东部和沿海地区吸引了大量人力资本流入，但也面临着低技能劳动力短缺与劳动力成本高企的问题。政府降低东部地区低技能劳动力成本不仅能缓解东西部地区间的人力资本差距，还能改善东部地区低技能劳动力供求不平衡问题。第二，对欠发达地区雇佣的高技能劳动力实行就业补贴，以此降低欠发达地区内企业雇佣高技能劳动力的成本，通过提振人力资本需求的方式吸引人才流入，最终实现推动欠发达地区经济发展的目标。

6 要素成本、人力资本空间分布与经济增长

6.1 概述

2020 年，国务院印发的《关于构建更加完善的要素市场化配置体制机制的意见》提出，要充分发挥市场配置资源的决定性作用，破除阻碍要素自由流动的体制机制障碍，实现要素配置高效公平，这也是建设全国统一大市场的关键。第 4 章和第 5 章的研究表明，调整中间投入品进口成本和劳动力成本是优化人力资本空间分布的重要方式，这能否推动经济增长？依照第 3 章的特征事实分析，城市人力资本提升有助于推动本地经济发展。但是，传统实证框架难以从配置效率角度评估调整人力资本空间分布对经济增长的影响。因此，人力资本空间分布对经济增长的影响如何？降低要素成本是否会通过优化人力资本空间分布进而推动经济增长？回答上述问题有助于明晰人力资本空间分布的重要性，对制定人力资本政策以及深化要素市场化改革具有重要意义。

本章基于第 4 章和第 5 章的研究结论，将异质性中间品贸易和社保引入量化空间均衡模型（Fan，2019；Redding and Rossi-Hansberg，2017），以此构建要素成本影响人力资本空间分布的理论设定。在企业生产行为方面，我们对农业和非农行业进行区分，假设企业生产要素包括高、低技能劳动力以及各行业中间投入。其中，劳动力成本由企业社保和工资两部分构成。在劳动力流动方面，我们基于劳动力流动的人力资本理论（Schultz，1961；Sjaastad，1962），假设异质性劳动根据效用最大化选择流入城市和就业部门。通过参数校准与反事实模拟，本章得到了如下结论：首先，

与人力资本不能流动相比，人力资本在城市和城乡间的再配置有助于促进经济增长。估计结果显示，当前人力资本空间分布能解释 59.74% 的经济增长。其次，以中国 2020 年签署的《区域全面经济伙伴关系协定》作为政策冲击，发现关税削减通过人力资本空间分布这一渠道带来了 1.96% 的经济增长。从解释力角度看，人力资本空间分布这一渠道能够解释关税削减带来的 65.27% 的经济增长。最后，以 2019 年实施的《降低社会保险费率综合方案》作为政策冲击，社保缴费改革通过人力资本空间分布带来了 0.71% 的经济增长，并且人力资本空间分布是劳动力成本起作用的主要渠道。

与本章相关的文献有三。一支文献通过空间均衡模型，着重讨论劳动力流动的经济效应。新经济地理理论认为，地理因素引起的劳动力流动成本和产品贸易成本刻画了经济活动的空间分布（Eaton and Kortum，2002；Krugman，1991；Redding and Rossi-Hansberg，2017），相关理论模型逐步重视异质性劳动力设定下的劳动力流动行为（Bryan and Morten，2019；Fan，2019），这为研究人力资本分布空间分布提供了分析工具。第二支文献关注劳动力流动对经济增长的影响。部分文献将异质性劳动力和流动成本引入空间均衡模型，量化了流动成本对劳动力配置效率和经济增长的影响（Bryan and Morten，2019；Tombe and Zhu，2019）。第三支文献与要素成本的经济效应相关。其中，中间投入品进口成本的相关文献主要利用进口中间品关税削减作为冲击，考察其对企业生产行为和经济绩效的影响（Chen et al.，2017；Kasahara et al.，2016），但较少关注人力资本空间分布。劳动力成本相关文献普遍采用最低工资和社保等政策作为冲击，讨论就业和工资相关问题（封进，2014；马双 等，2012），忽视了空间视角下的劳动力和人力资本流动（Bairoliya and Miller，2021；Fajgelbaum et al.，2019；Monras，2019；席艳乐 等，2021）。

本章的边际贡献有如下三点：第一，本章在空间均衡模型中引入异质性劳动力流动和异质性产品贸易，量化了人力资本空间分布的经济效应，为政府制定更加合理的人力资本政策提供理论参考。第二，本章从企业生产要素角度分析人力资本空间分布的影响因素，发现降低要素成本有助于提高人力资本空间配置效率，进而促进经济增长，为理解现阶段各类要素市场化改革政策的效果提供了参考。第三，本章在讨论降低要素成本对优化人力资本空间分布、推动经济增长的基础上，兼顾城市间经济发展不平等，是对相关文献的有益补充。

本章剩余部分安排如下：6.2 节构建了理论模型，6.3 节对理论模型参数进行校准，6.4 节进行反事实模拟，6.5 节总结全文。

6.2 理论模型

本章通过构建量化空间均衡模型，分析人力资本空间分布的经济效应。首先，流动成本阻碍了劳动力跨地区和跨行业流动，更高的流动成本意味着劳动力配置效率不足。由于人力资本是劳动力自身资本的体现（Becker，1962；Schultz，1961），我们通过调整流动成本的方式评估人力资本空间分布的经济效应。

其次，我们引入关税来分析中间投入品进口成本通过人力资本空间分布带来的经济效应。在图 3.6 和第 4 章的基础上，围绕赫克歇尔–俄林模型和"中心–外围"理论搭建了中间投入品进口成本影响人力资本空间分布的渠道：由于城市中不同技能、不同行业劳动力生产率以及地理区位存在差异，中间品关税下降会推动人力资本朝着具有比较优势的城市和行业集聚（Burstein and Vogel，2017；Fan，2019；Han et al.，2012）。

最后，我们纳入社保来讨论劳动力成本通过人力资本空间分布带来的经济效应。在第 5 章的基础上，社保降费措施影响人力资本空间分布的渠道有三（Fajgelbaum et al.，2019；唐珏和封进，2019）：一是社保缴费基数负担的地区异质性；二是社保缴费基数负担的累退性，即工资率越高，企业社保税率越低；三是不同技能劳动力间的社保税收弹性存在异质性。此外，具有地区偏向的公共政策是影响人力资本流动的关键（Shifa and Xiao，2023），现有企业社保政策集中于城镇部门，农村部门受影响较小，这会影响人力资本跨城乡流动（Bairoliya and Miller，2021）。

我们将城市分为农村和城镇两个部门，分别对应农业 A 和非农 NA 两个行业，将其他国家视为一个整体，记为 RoW。区分农业和城镇部门的作用有二：一是有助于模拟城市产业结构带来的地区间关税冲击差异；二是能囊括社保改革对不同部门的异质性影响，即与企业有关的社保政策仅存在于城镇部门。劳动力技能水平 s 包含高技能 H 和低技能 L 两类，并且同技能劳动力间的人力资本也存在异质性。

6.2.1　企业社会保险缴费

在给定工资率的情况下，d 城市社保缴费基数下限 $lowline_d$ 越高，企业雇佣劳动力的成本越高。在给定社保缴费基数下限时，d 城市 j 部门 s 技能劳动力工资率 W_{dj}^s 越高，社保缴费基数负担越轻。因此，社保缴费基数下限和城市工资率之比越大，企业社保缴费基数负担越重。与本书第 5 章的设定相同，参考已有文献（Coen - Pirani，2021；Fajgelbaum et al.，2019；Sachs et al.，2020），假设社保税率 t_{dj}^s 由企业社保缴费率 τ_j^F 和社保缴费基数下限 $lowline_{dj}$ 共同构成：

$$t_{dj}^s = (1 + \tau_j^F)(lowline_d / W_{dj}^s)^{\eta_j^s} - 1 \tag{6.1}$$

我们使用 $lowline_d / W_{dj}^s$ 衡量社保缴费基数负担（杜鹏程 等，2021；徐舒 等，2022），参数 η_j^s 等于社保缴费基数负担对社保税率 t_{dj}^s 的弹性。由于社保缴费基数仅适用于企业，本章假设农业部门没有社保缴费负担，即农业部门的企业社保缴费率 $\tau_A^F = 0$，社保缴费基数下限的税收弹性 $\eta_A^s = 0$。

在城镇部门中，劳动力收入对社保税率 t_{dNA}^s 的导数 $\dfrac{\partial\, t_{dNA}^s}{\partial\, W_{dNA}^s} < 0$，意味着社保税率具有累退性，即 s 技能劳动力的工资水平 W_{dNA}^s 越高，社保税率 t_{dNA}^s 越低。

6.2.2　企业生产行为

假定 d 城市 j 部门企业生产 v 种类中间品的生产要素包括劳动力和中间投入，生产函数为科布-道格拉斯函数形式（Burstein and Vogel，2017）：

$$y_{dj}(v) = \varphi_{dj}(v)\, E_{dj}(v)^{\gamma_j^N} \prod_{j'} M_{dj}^{j'}(v)^{\gamma_j^{j'}} \tag{6.2}$$

其中，$y_{dj}(v)$ 是 d 城市 j 部门 v 种类中间品总产出，$\varphi_{dj}(v)$ 表示企业生产率，$E_{dj}(v)$ 为包含人力资本的劳动投入，$M_{dj}^{j'}(v)$ 衡量了生产 d 城市 j 部门 v 种类中间品生产所需的 j' 部门中间投入。参数 $\gamma_j^N + \gamma_j^j + \gamma_j^{j'} = 1$，意味着规模报酬不变。假设劳动投入 $E_{dj}(v)$ 由高技能劳动力人力资本 E_{dj}^H 和低技能劳动力人力资本 E_{dj}^L 共同构成：

$$E_{dj}(v) = \left[\mu_{dj}^{1/\rho} E_{dj}^H(v)^{\frac{\rho-1}{\rho}} + (1 - \mu_{dj})^{1/\rho} E_{dj}^L(v)^{\frac{\rho-1}{\rho}}\right]^{\frac{\rho}{\rho-1}} \tag{6.3}$$

μ_{dj} 表示 d 城市 j 部门层面的高技能劳动力的相对生产率，ρ 是高、低技能劳动力替代弹性[①]。

在完全竞争市场环境下，根据利润最大化原则可以推导出单位生产率下的单位生产成本 c_{dj}：

$$\frac{c_{dj}}{\varphi_{dj}(v)} = \frac{1}{\varphi_{dj}(v)} \left(\frac{W_{dj}}{\gamma_j^N}\right)^{\gamma_j^N} \prod_{j'} \left(\frac{P_{dj'}}{\gamma_j^{j'}}\right)^{\gamma_j^{j'}} \tag{6.4}$$

其中，d 地区 j 部门的劳动力价格为 W_{dj}，中间投入品进口成本为 P_{dj}。同理，劳动力价格是高、低技能劳动力工资福利水平的函数：

$$W_{dj}^N = \{\mu_{dj} \left[(1 + t_{dj}^H) W_{dj}^H\right]^{1-\rho} + (1 - \mu_{dj}) \left[(1 + t_{dj}^L) W_{dj}^L\right]^{1-\rho}\}^{\frac{1}{1-\rho}}$$

W_{dj}^s 为 $s \in \{H, L\}$ 技能劳动力工资率，$(1 + t_{dj}^s) W_{dj}^s$ 等于企业雇佣 s 技能劳动力的价格。

d 城市 j 部门最终品由所有 v 种类中间品构成（Monte et al.，2018；Tombe and Zhu，2019）：

$$Q_{dj} = \left[\int_v q_{dj}(v)^{\frac{\sigma_j-1}{\sigma_j}} dv\right]^{\frac{\sigma_j}{\sigma_j-1}} \tag{6.5}$$

其中，$q_{dj}(v)$ 表示 d 城市 j 部门最终品生产所需的 v 种类中间品，Q_{dj} 是部门最终品产出，参数 σ_j 反映了不同种类中间品的替代弹性。

进一步，本章假设最终品不可贸易，仅能用于本地居民消费或者作为本地 j 部门 v 种类产品生产投入 $M_{dj'}(v)$。异质性中间品能够在地区间自由贸易，并且 j 部门中间品从 o 地区运输到 d 地区的单位贸易成本为 $\tau_{od,j}$，中间品价格 $p_{od,j}(v) = \tau_{od,j} c_{oj}(v)$。

假设企业生产率服从 Fréchet 分布 $F_{dj}(\varphi) = \exp(-T_{dj}\varphi^{-\theta})$，$d$ 地区从 o 地区进口的中间品占比等于：

$$\delta_{od,j} = \frac{T_{oj}(\tau_{od,j} c_{oj})^{-\theta}}{\sum_{o'} T_{o'j}(\tau_{o'd,j} c_{o'j})^{-\theta}} \tag{6.6}$$

其中，T_{dj} 表示 d 地区 j 行业企业的平均生产率，θ 衡量了企业生产率的离散程度。注意到，在式（6.6）中，参数 θ 决定了贸易成本对贸易份额的影响，故 θ 又被称为贸易弹性。

联立式（6.5）和式（6.6），通过利润最大化函数可推导出 j 部门最终品价格：

---

① 考虑到农业部门的高技能劳动力占比很低，如果假设农业部门仅使用低技能劳动力，所得结论不发生改变。

$$P_{dj} = \left[\Gamma \left(\frac{\theta + 1 - \sigma_j}{\theta} \right) \right]^{\frac{1}{1-\sigma_j}} \left[\sum_o T_{oj} \left(\tau_{od,\,j} c_{oj} \right)^{-\theta} \right]^{-\frac{1}{\theta}} \qquad (6.7)$$

6.2.3 劳动力流动决策

位于户籍地 o 部门 i 的 s 技能劳动力 l 根据效用最大化选择流入地和就业部门，假定劳动力 l 流入 d 城市 j 部门的间接效用函数等于（Fan，2019；Redding and Rossi-Hansberg，2017）：

$$V^s_{od,\,ij}(l) = z^s_{dj}(l) \frac{A_{dj}(1 - \tau^I_j) W^s_{dj}}{I^j_d d^s_{od,\,ij}} \qquad (6.8)$$

其中，$z_{dj}(l)$ 为劳动力 l 在 d 城市 j 部门工作时的人力资本。A_{dj} 表示 d 城市 j 部门的城市福利，在城市间和城乡间具有差异。τ^I_j 等于劳动力个人的社保缴费率。与企业社保设定一致，本章忽略了农业部门的个人社保缴费，即 $\tau^I_A = 0$。W^s_{dj} 表示 d 城市 j 部门的工资率，$(1 - \tau^I_j) W^s_{dj} z_d(l)$ 衡量了劳动力实际收入。I^j_d 是劳动力在 d 城市 j 部门工作时，面临的一篮子消费品价格指数，由农业产品价格和非农产品价格组成。由于农业行业对应农村部门，非农行业对应城市部门，I^j_d 允许城市内农业部门和非农部门间存在价格差异。$d^s_{od,\,ij}$ 为 s 技能劳动力跨地区和跨行业流动的成本。我们将劳动力不流动时的成本标准化为 1，即 $d^s_{oo,\,ii} = 1$。

参考 Hsieh et al.（2019）和 Fan（2019），假设劳动力人力资本服从 Fréchet 分布：

$$F(\vec{z}) = \exp \left\{ - \left[\sum_j \sum_d z_{dj}(l)^{-\varepsilon^s} \right]^{1-\chi} \right\} \qquad (6.9)$$

参数 χ 衡量了城市内劳动力人力资本 $z_{dj}(l)$ 的相关性，ε^s 表示 s 技能劳动力人力资本在区域间的离散度。

劳动力 l 根据效用函数最大化选择流入地和就业部门，有 s 技能劳动力流入 d 城市 j 部门的概率：

$$\pi^s_{od,\,ij} = \Pr(V^s_{od,\,ij} \geqslant \max_{d',\,j'} \{ V^s_{od',\,ij'} \}) = \frac{(v^s_{dj}/d^s_{od,\,ij})^{\varepsilon^s}}{\sum_{j'} \sum_{d'} (v^s_{d'j'}/d^s_{od',\,ij'})^{\varepsilon^s}} \qquad (6.10)$$

其中，$v^s_{dj} = \dfrac{A^s_d(1 - \tau^I_j) W^s_{dj}}{I^j_d}$ 表示包含城市福利和价格的城市工资率。设 o 城市 i 部门的 s 技能劳动力数为 N^s_{oi}，便可求得从 o 城市 i 部门流入 d 城市 j

部门的 s 技能劳动力数 $N_{od,\,ij}^{s} = N_{oi}^{s}\pi_{od,\,ij}^{s}$，以及 d 城市 j 部门的 s 技能劳动力数 $N_{dj}^{s} = \sum_{i}\sum_{o}N_{od,\,ij}^{s} = \sum_{i}\sum_{o}N_{oi}^{s}\pi_{od,\,ij}^{s}$。

由于人力资本 $z_{dj}(l)$ 服从 Fréchet 分布，从 o 城市 i 部门流入 d 城市 j 部门的 s 技能劳动力平均人力资本等于（Davis and Dingel, 2020; Fan, 2019）：

$$E(z_{dj}^{s} \mid N_{od,\,ij}^{s}) = \left(\frac{1}{\pi_{od,\,ij}^{s}}\right)^{\frac{1}{\epsilon^{s}}}\Gamma\left(1 - \frac{1}{\epsilon^{s}(1 - \chi)}\right) \qquad (6.11)$$

其中，$\Gamma(\cdot)$ 表示 Gamma 函数。在 d 城市 j 部门工作的 s 技能劳动力人力资本等于劳动力数与平均人力资本之积 $E_{dj}^{s} = \sum_{i}\sum_{o}E(z_{dj}^{s} \mid N_{od,\,ij}^{s})\,N_{oi}^{s}\pi_{od,\,ij}^{s}$，总收入为 $\sum_{j}\sum_{s}(1 - \tau_{j}^{E})\,E_{dj}^{s}W_{dj}^{s}$。

城市 d 部门 j 劳动力的最终品消费 C_{d}^{j} 包括农产品消费 $C_{d,\,A}^{j}$ 和非农产品消费 $C_{d,\,NA}^{j}$，且满足科布-道格拉斯函数形式：

$$C_{d}^{j} = (C_{d,\,A}^{j})^{\alpha}(C_{d,\,NA}^{j})^{1-\alpha} \qquad (6.12)$$

根据效用最大化，便可推导出在 d 城市 j 部门工作的劳动力面临的一篮子消费品价格指数：

$$I_{d}^{j} = \left(\frac{P_{dj}}{\alpha}\right)^{a}\left(\frac{P_{dj}}{1-\alpha}\right)^{1-a} \qquad (6.13)$$

6.2.4　政府部门

参考周慧珺等（2022），本章假设政府部门征收的社保费全部发放给本地退休居民，并用于最终品消费[①]：

$$\sum_{s}(t_{dj}^{s} + \tau_{j}^{I})\,E_{dj}^{s}W_{dj}^{s} = I_{d}^{j}G_{d}^{j}$$

其中，$\sum_{s}(t_{dj}^{s} + \tau_{j}^{I})\,E_{dj}^{s}W_{dj}^{s}$ 是政府社保基金总收入，$I_{d}^{j}G_{d}^{j}$ 表示政府部门总支出。因为本章忽略了农业部门社保缴费，这里同样假定农业部门 A 的社保

---

① 空间均衡模型普遍假设政府部门收支平衡，本书沿用这一假定。同时，假设政府征收的社保费全部发放给本地退休居民是对社保基金转移支付的简化，考虑中央政府的转移支付不会影响本书的结论。Fajgelbaum et al.（2019）在空间均衡模型中引入了各项税收，并假设地方政府获得的转移支付等于地方政府收入乘转移支付力度。其研究结果显示，转移支付力度的分布会影响模型的具体取值，但并不会改变经济增长等反事实模拟结果。考虑到社保基金收支平衡问题并非本书的关注内容，本书假设社保费全部发放给本地退休居民是合理的，且不会改变本书的基本结论。

基金收支等于零。

6.2.5 均衡条件

在空间均衡模型中，需要同时保证劳动力市场均衡和产品市场均衡。劳动力市场均衡条件是，d 城市 j 部门企业生产所需的 s 技能劳动力人力资本 E_{dj}^s 和人力资本供给 $\sum_i \sum_s E(z_{dj}^s \mid N_{od,\ ij}^s) N_{oi}^s \pi_{od,\ ij}^s$ 相等。

城市生产的产品同时用于居民消费和贸易。产品市场均衡条件表明，城市总产出等于城市总消费与城市净出口之和。

首先，有 d 城市 j 部门劳动力总收入 $\sum_s (1 - \tau_j^l) E_{dj}^s W_{dj}^s$ 和总支出 $P_d^l C_d^j$ 相等。

其次，政府部门将所有社保基金收入转移给本地居民，故 d 城市 j 部门政府总收入 $\sum_s (t_{dj}^s + \tau_j^l) E_{dj}^s W_{dj}^s$ 等于总支出 $P_d^l G_d^j$。

再次，假设 d 城市 j 部门最终品需求与产出相等，记为 $X_{dj} = P_{dj} Q_{dj}$。虽然最终品不能在地区间贸易，但可通过异质性中间品贸易推导出 d 城市 j 部门的异质性中间品需求 D_{dj} 等于所有地区从城市 d 部门 j 进口的中间品之和：

$$D_{dj} = \sum_o \delta_{do,\ j} X_{oj} \tag{6.14}$$

最后，在产品市场均衡下，d 城市 j 部门最终品需求 X_{dj} 包括本地居民最终品消费支出 $P_d^l C_d^j$、地方政府发放的社保基金 $P_d^l G_d^j$ 以及中间投入 $\sum_{j'} \gamma_j^{j'} D_{dj'}$，即

$$X_{dj} = P_d^l C_d^j + P_d^l G_d^j + \sum_{j'} \gamma_j^{j'} D_{dj'} \tag{6.15}$$

6.3 数据来源与参数校准

本节分四步对理论模型相关参数和各项指标来源进行详细说明：①数据选取过程，计算出劳动力供给和流动矩阵、城市工资率等信息；②社会保险缴费相关参数校准；③劳动力效用函数相关参数校准，并计算出各城市劳动力供给和人力资本等指标；④选定企业生产函数相关参数，结合劳动力和人力资本信息计算出企业生产函数中的各项指标。

表 6.1 整理了模型参数的校准结果，本节后续内容将对表中的各项参数来源进行详细说明。

表 6.1　参数校准结果

参数	参数说明	数据来源	取值
PanelA：社保相关参数			
τ_A^F	农村部门企业的社保缴费率	假设不存在社保影响	0
τ_{NA}^F	城镇部门企业的社保缴费率	封进（2013）	0.3
η_A	农村部门劳动力的社保缴费基数负担税收弹性	假设不存在社保影响	0
τ_A^I	农村部门个人社保缴费率	假设不存在社保影响	0
τ_{NA}^I	非农部门个人社保缴费率	封进（2013）	0.11
η_{NA}^H	非农部门高技能劳动力的社保缴费基数负担税收弹性	表 6.2	0.032
η_{NA}^L	非农部门低技能劳动力的社保缴费基数负担税收弹性	表 6.2	0.146
Panel B：劳动力效用函数相关参数			
χ	城市内劳动力人力资本相关度	Fan（2019）	0.36
ε^H	城市间高技能劳动力人力资本离散度	Fan（2019）	2.73/（1−χ）
ε^L	城市间低技能劳动力人力资本离散度	Fan（2019）	2.5/（1−χ）
$d_{od,ij}^s$	劳动力流动成本	式（6.16）和表 6.4	
PanelC：企业生产函数相关参数			
γ	投入产出系数	表 6.5	
ρ	高、低技能劳动力替代弹性	Katz and Murphy（1992）	1.5
σ_A	农业产品异质性偏好	Fan（2019）	4
σ_{NA}	非农产品异质性偏好	Fan（2019）	3
θ	贸易弹性	Tombe（2015）	4
$\tau_{od,j}$	贸易成本	式（6.19）和表 6.6	

注：Panel A 汇报了社保相关参数，参数校准思路见 6.3.2 小节。Panel B 是劳动力效用函数相关参数汇总，参数校准思路见 6.3.3 小节。Panel C 展示了企业生产函数相关参数，6.3.4 小节介绍了参数校准思路。其中，Panel B 的劳动力流动成本和 Panel C 的贸易成本在地区间和行业间具有异质性，Panel C 的投入产出系数包括企业劳动投入和各行业中间投入的投入产出系数。

6.3.1 数据来源

空间均衡模型需要详细的劳动力流动和收入信息：一是城市间和行业间的人口流动数据，用于构造劳动力在地区×行业层面的流动矩阵；二是覆盖全国的高、低技能劳动力收入数据，用以衡量不同技能劳动力的工资率。本部分将基于空间均衡模型的数据需求选择出合适的数据用以计算相关模型参数。

我国人口普查微观数据能提供不同技能劳动力在城市×行业层面的流动矩阵。一方面，根据劳动力当前居住地和户籍地可以定义出城市层面的流动矩阵；另一方面，使用劳动力现阶段就业行业和户口可以定义出行业层面的流动矩阵。具体而言，我们使用劳动力是否从事农业行业工作定义其当前就业行业。参考 Tombe and Zhu（2019），利用劳动力是否是农业户口推测劳动力在流动前是否属于农业部门，即假定农业户口劳动力在流动前从事农业行业工作，拥有非农户口的劳动力在流动前从事非农行业工作。因此，利用人口普查数据能准确定义出劳动力在城市×行业层面的流动矩阵。相较于人口普查微观数据，其他微观调查数据可能记录了更加详实的劳动力跨城市和跨行业流动信息，但样本量通常较小，得到的流动矩阵存在大量零值，不能准确反映劳动力在城市和行业层面的流动情况。在所有人口普查微观数据中，仅有 2005 年人口普查微观数据能够计算出全国各城市高、低技能劳动力收入，其他年份人口普查微观数据尚未记录劳动力收入信息。

综上所述，本章使用 2005 年人口普查微观数据来计算理论模型中的劳动力相关指标。为了保证高、低技能劳动力样本量足够大，我们设定高中及以上学历劳动力为高技能劳动力，初中及以下学历劳动力为低技能劳动力。当然，将大专及以上学历定义为高技能，高中及以下学历定义为低技能，并不会改变本书的基本结论。

基于人口普查微观数据，可以构造如下指标：①使用劳动力就业所在地和所属行业计算出 d 城市 j 行业 s 技能劳动力数 N_{dj}^s；②使用劳动力流动信息计算出 o 城市 i 行业 s 技能劳动力流入 d 城市 j 行业的数量 $N_{od,ij}^s$ 与概率 $\pi_{od,ij}^s$；③使用如下回归模型计算 s 技能劳动力在 d 城市 j 行业工作时的工资率 W_{dj}^s：

$$\ln income_{idj}^s = \alpha + \Gamma X_{idj}^s + W_{dj}^s + e_{idj}^s$$

其中，被解释变量 $\text{ln} income^s_{idj}$ 表示在 d 城市 j 行业工作的 s 技能劳动力 i 的对数收入，控制变量 X^s_{idj} 包括性别、年龄及其平方项，e^s_{idj} 为误差项。城市×行业×技能维度的固定效应 W_{dj} 便是工资率。

6.3.2　社保缴费相关参数校准

社保缴费相关参数包括式（6.1）中 j 部门的企业社保缴费率 τ^F_j、企业社保缴费基数负担的税收弹性 η^s_j、d 城市社保缴费基数下限 $lowline_d$，以及式（6.8）中个人社保缴费率 τ^I_j。

由于理论模型忽略了农业部门社保，是以农业部门的企业和个人社保缴费率 $\tau^F_A = \tau^I_A = 0$，且社保缴费基数负担对社保税率的弹性 $\eta_A = 0$。参照封进（2013），我国企业社保缴费包括养老、医疗、工伤、失业和生育五大类，对应的缴费率分别为 20%、6%、2%、1% 和 1%，加总后的社保缴费率为 30%，故设非农部门的企业社保缴费率 $\tau^F_{NA} = 0.3$。个人社保缴费中生育和工伤保险缴费率等于零，养老、医疗和失业保险的缴费率分别等于 8%、2% 和 1%，有个人社保缴费率 $\tau^I_{NA} = 0.11$。d 城市社保缴费基数下限 $lowline_d$ 来自人力资源和社会保障部门网站以及政府公报。

我们利用 2005 年人口普查微观数据，估计式（6.1）中的企业社保缴费基数负担的税收弹性 η^s_{NA}。由于忽略了社保缴费基数上限，如果 c 城市中劳动力 i 的收入 $income_i$ 低于社保缴费基数下限 $lowline_c$，其社保缴费标准为 $lowline_c$。反之，社保缴费标准为 $income_i$。结合企业社保缴费率，可以计算出企业雇佣劳动力 i 的社保缴费额：

$$Tax_i = \tau^F_j \cdot \max(income_i, lowline_c)$$

因此，企业雇佣劳动力 i 时的社保税率 $t_i = Tax_i / income_i$。结合式（6.1），我们用对数社保缴费基数下限 $\text{ln} lowline_c$ 和对数劳动力收入 $\text{ln} income_i$ 对 $\text{ln}(1+t_i)$ 回归，所得系数便为社保缴费基数负担的税收弹性，控制变量包括年龄、性别、婚姻状况、户口特征、民族、是否有保险、城市人均 GDP 和省份虚拟变量，标准差聚类在城市层面。考虑到企业社保政策不直接影响农业部门，我们将回归样本限定为非农行业。具体回归结果如表 6.2 所示。

第（1）—（2）列分别展示了高、低技能劳动力的社保缴费基数负担的税收弹性。结果显示，对数社保缴费基数下限 $\text{ln} lowline_{ct}$ 每提高 1%，企业雇佣高、低劳动力所需支付的社保税率分别提高 0.03% 和 0.15%。为了解决遗漏变量等带来的内生性问题,第(3)—(4)列使用第5章式(5.12)构造的工具变量进行工具变量回归,所得系数基本保持不变。同时,弱工具变量 F 检验统计量大于 10,说明不存在弱工具变量问题。

本章采用第(3)—(4)列的估计结果,设高、低技能劳动力的社保缴费基数负担的税收弹性分别为 0.032 和 0.127。

表 6.2　社会保险缴费基数负担对社会保险税率的弹性

变量	(1)	(2)	(3)	(4)
	OLS		IV	
	H	L	H	L
ln$lowline$	0.032***	0.146***	0.032***	0.127***
	(0.003)	(0.009)	(0.005)	(0.020)
ln$income$	−0.042***	−0.142***	−0.042***	−0.142***
	(0.004)	(0.004)	(0.004)	(0.004)
控制变量	是	是	是	是
观测值	93 505	436 942	93 373	436 346
R^2	0.247	0.602	0.243	0.591
弱工具变量 F 统计量			17.813	26.971

注:***、**、*分别表示在1%、5%和10%的水平上显著。第(1)—(4)列的被解释变量是按照个人收入反推的对数企业社保税率 ln(1+t_i),数据来源为2005年人口普查微观数据,均删除了农业行业样本。关注变量为城市对数社保缴费基数下限 ln$lowline$,ln$income$ 是劳动力对数收入,控制变量包括年龄、性别、婚姻状况、户口特征、民族、是否有保险、城市人均 GDP 和省份虚拟变量,标准差聚类在城市层面。第(1)—(2)列是普通最小二乘回归结果,第(3)—(4)列为工具变量回归结果。第(1)列和第(3)列反映了高技能劳动力 H 的社会保险缴费基数负担对社保税率的弹性,第(2)列和第(4)列是低技能劳动力 L 的社会保险缴费基数负担对社保税率的弹性。

6.3.3　劳动力效用函数相关参数校准

我们首先对劳动力流动相关参数进行校准,其次结合 2005 年人口普查数据计算出各城市人力资本水平和劳动力供给。在均衡条件下,劳动力供给等于劳动力需求,这为后续计算企业生产函数中的各指标打下了基础。

在劳动力效用函数中,未知信息包括人力资本分布相关参数、劳动力流动成本 $d_{od,ij}^i$、城市福利 A_{dj}、城市价格信息 P_d^i。

（1）人力资本分布相关参数

人力资本分布式（6.9）的未知参数包括城市内人力资本相关度和城市间人力资本离散度。参考 Fan（2019），设城市内人力资本相关度 χ 为 0.36，高、低技能劳动力的城市间人力资本离散度 ε^H 和 ε^L 分别为 2.73/（1–χ）和 2.5/（1–χ）。

将人力资本分布相关参数代入式（6.11）求得城市人均人力资本信息，便可得到 d 城市 j 行业 s 技能劳动力人力资本 E_{dj}^s。

（2）劳动力流动成本参数

使用中国人口普查微观数据构造出的劳动力流动矩阵存在大量零值，直接计算城市×行业层面的流动成本较为困难。对此，我们首先将 s 技能劳动力的流动成本记为一系列变量 X 的线性函数：

$$\ln d_{od,\ ij}^s = \alpha^s X_{od,\ ij} + e_{od,\ ij}$$

其中，$e_{od,ij}$ 为残差项。求解各变量的系数 α^s 后，将具体系数代入线性函数便能预测劳动力流动成本。

具体地，设对数流动成本为城市和行业特征的函数：

$$\begin{aligned}\ln d_{od,\ ij}^s = &\alpha_1^s \ln dist_{od} + \alpha_2^s ICity_{od} + \alpha_3^s IProv_{od} \\ &+ \alpha_4^s CultureDist_{od} + \alpha_5^s m_{ij} + \alpha_6^s Huji_d + e_{od,\ ij}\end{aligned} \tag{6.16}$$

其中，$\ln dist_{od}$ 为流出地 o 到流入地 d 的对数地理距离；$ICity_{od}$ 为流入地 o 和流出地 d 是否属于同一省份的不同城市，若取值为 1，表示劳动力省内跨市流动；取值为 0，表示劳动力市内流动。$IProv_{od}$ 衡量了劳动力跨省流动成本。若取值为 1，表示流入地 o 和流出地 d 属于不同省份；取值为 0，流入地 o 和流出地 d 属于同一省份。$CultureDist_{od}$ 是城市间的民族构成差异，计算方式为各城市汉族人口占比的相关系数，用以衡量社会网络特征。行业层面，假设劳动力可以自由从非农部门向农业部门转移，故 m_{ij} 表示劳动力从农业部门向非农部门转换的成本。若劳动力从农业部门转为非农部门，m_{ij} 等于 1；反之，m_{ij} 为零。$Huji_d$ 是流入地 d 的户籍门槛限制，指标来源于 Fan（2019）。若系数 $\alpha^s = \{\alpha_1^s,\ \alpha_2^s,\ \alpha_3^s,\ \alpha_4^s,\ \alpha_5^s,\ \alpha_6\}$ 已知，代入式（6.16）便能求得劳动力流动成本 $d_{od,\ ij}^s$。

接下来，本章利用劳动力流动概率与流动成本间的关系来估计系数 α^s。将式（6.16）代入式（6.10）后，有回归方程：

$$\ln\pi_{od,\ ij}^{s} = -\ \boldsymbol{\epsilon}^{s}\boldsymbol{\alpha}^{s}X_{od,\ ij} + \boldsymbol{\epsilon}^{s}\underbrace{\ln v_{dj}^{s}}_{d \times j} - \ln\Big[\sum_{j'}\sum_{d'} (v_{dj'}^{s}/d_{od',\ j'}^{s})^{\epsilon^{s}}\Big]_{o \times i} - \boldsymbol{\epsilon}^{s}e_{od,\ ij}$$

$$(6.17)$$

其中，城市 d×行业 j 的固定效应能够控制未观测变量 v_{dj}^{s} 的影响，流出地 o× 初始行业 i 的固定效应排除了加总项 $\sum_{j'}\sum_{d'} (v_{dj'}^{s}/d_{od',\ j'}^{s})^{\epsilon^{s}}$ 的影响。由于户籍门槛限制 $Huji_d$ 与城市固定效应共线，我们使用 Fan（2019）的户籍门槛限制指标与估计结果，假设户籍门槛限制对高、低技能劳动力的影响相等，系数 $\alpha_6 = 0.13$。

为了验证使用式（6.17）估计出的结果是否稳健，对式（6.17）取一阶差分后，有：

$$\ln\Big(\frac{\pi_{od,\ ij}^{s}}{\pi_{dd,\ jj}^{s}}\Big) = -\ \boldsymbol{\epsilon}^{s}\boldsymbol{\alpha}^{s}X_{od,\ ij} - \underbrace{\ln\Big[\sum_{j'}\sum_{d'} (v_{dj'}^{s}/d_{od',\ ij}^{s})^{\epsilon^{s}}\Big]}_{o \times i}$$
$$+ \underbrace{\ln\Big[\sum_{j'}\sum_{d'} (v_{dj'}^{s}/d_{dd',\ jj'}^{s})^{\epsilon^{s}}\Big]}_{d \times j} - \boldsymbol{\epsilon}^{s}(e_{od,\ ij} - e_{dd,\ jj})$$

$$(6.18)$$

其中，劳动力不流动时的成本 $d_{dd,\ jj}^{s} = 1$，控制变量包括城市 o×行业 i 和城市 d×行业 j 的固定效应。理论上，式（6.17）和式（6.18）均可用于估计系数 α^{s}。如果使用这两种回归设定得到的结果相近，说明系数 α^{s} 稳健。

值得注意的是，使用式（6.17）和式（6.18）回归得到的结果等于 $-\varepsilon^{s}\alpha^{s}$。因此，需要将回归结果除以 $-\varepsilon^{s}$ 后才可得到劳动力流动成本参数 α^{s}。回归结果如表 6.3 所示[①]。

第（1）—（2）列报告了式（6.17）的回归结果。从系数符号方向来看，对数地理距离 $\ln dist$ 的回归系数显著为负，意味着城市间地理距离越远，劳动力流动可能性越低，相应的流动成本越高。劳动力是否省内跨市流动 $ICity$ 以及是否跨省流动 $IProv$ 的系数小于零，说明劳动力跨地区流动需要克服更高的机会成本。从行业角度看，劳动力从农业部门向非农部门流动具有较高的行业转换成本。第（3）—（4）列展示了式（6.18）

---

① 回归方法为泊松伪极大似然估计（Poisson pseudo-maximum likelihood，PPML）。PPML 的优势在于能够很好地处理数据中的零值问题，已被广泛用于劳动力流动、跨国贸易等相关研究（Santos Silva and Tenreyro，2006）。

的回归结果，所得系数与第（1）—（2）列十分接近，说明不同回归模型设定并不改变本书的估计结果。

表 6.3　劳动力流动成本函数的估计结果

	（1）	（2）	（3）	（4）
被解释变量	$\ln\pi_{od,ij}$		$\ln(\pi_{od,ij}/\pi_{dd,jj})$	
回归系数含义	$-\varepsilon^s\alpha^s$		$-\varepsilon^s\alpha^s$	
技能分类	H	L	H	L
ln$dist$	−0.730***	−0.739***	−0.699***	−0.759***
	(0.070)	(0.074)	(0.065)	(0.077)
$ICity$	−2.858***	−3.116***	−3.195***	−3.106***
	(0.337)	(0.363)	(0.317)	(0.353)
$IProv$	−4.839***	−4.846***	−5.189***	−4.742***
	(0.469)	(0.477)	(0.446)	(0.477)
$CultureDist$	−0.526***	−0.574***	−0.513***	−0.565***
	(0.123)	(0.143)	(0.143)	(0.146)
m	−3.412***	−3.240***	−3.325***	−3.098***
	(0.081)	(0.061)	(0.077)	(0.074)
固定效应 $d×j$	√	√	√	√
固定效应 $o×i$	√	√	√	√
观测值	436 252	438 236	432 952	436 912
R^2	0.744	0.763	0.770	0.781

注：***、**、*分别表示在1%、5%和10%的水平上显著。变量 ln$dist$ 等于城市间对数地理距离，$ICity$ 表示流入地和流出地是否属于同一省份不同城市，$IProv$ 表示流入地和流出地是否属于不同省份，$CultureDist$ 为城市间民族构成差异，m 为劳动力是否从农业部门流入非农部门。第（1）—（2）列的被解释变量为对数劳动力流动概率 $\ln\pi_{od,ij}$，第（3）—（4）列的被解释变量为 $\ln(\pi_{od,ij}/\pi_{dd,jj})$。第（1）列和第（3）列是高技能劳动力的回归结果，第（2）列和第（4）列是低技能劳动力的回归结果。各列均控制了地区 $d×$行业 j 和地区 $o×$行业 i 的交互固定效应，回归系数等于$-\varepsilon^s\alpha^s$，即回归系数除以$-\varepsilon^s$后，便可得到劳动力流动成本相关参数 α^s。由于城市户籍门槛限制 $Huji$ 与城市固定效应共线，设户籍门槛限制的系数 $\alpha_6=0.13$。

　　本章将表6.3第（1）—（2）列作为基准，所得回归结果除以$-\varepsilon^s$后，得到流动成本相关参数 α^s，将之代入式（6.16）预测得到劳动力流动成本 $d^s_{od,ij}$。系数 α^s 的具体取值如表6.4所示。高、低技能劳动力地理距离 ln$dist$ 的系数分别等于0.17和0.19，即城市间地理距离每提高1%，高、低技能劳动力流动成本分别提高 0.17% 和 0.19%，表明低技能劳动力流动成本更高。从跨地区流动角度看，高技能劳动力省内跨市流动 *ICity* 和跨省流动 *IProv* 分别会使流动成本提高 66% 和 113.4%，低技能劳动力分别提高 79.8% 和 124.1%，说明高技能劳动力更容易跨地区流动。进一步，地区民族构成差异 *CultureDist* 会推高劳动力流动成本，并且对低技能劳动力的影响更强，反映了社会网络对劳动力流动的异质性影响。从行业转换成本来看，高、低技能劳动力从农业部门流入非农部门分别会带来 80% 和 82.9% 的流动成本提升，说明低技能劳动力的行业转换成本更高。参考 Fan (2019)，户籍门槛限制 *Huji* 的系数 $\alpha_6 = 0.13$。

表 6.4　劳动力流动成本参数校准结果

变量名称	(1) H	(2) L
ln*dist*	0.171	0.189
ICity	0.670	0.798
IProv	1.134	1.241
CultureDist	0.123	0.147
m	0.800	0.829
Huji	0.130	0.130

注：ln*dist* 等于城市间对数地理距离，*ICity* 表示流入地和流出地是否属于同一省份不同城市，*IProv* 表示流入地和流出地是否属于不同省份，*CultureDist* 为城市间民族构成差异，*m* 为劳动力是否从农业部门流入非农部门。户籍门槛限制 *Huji* 的系数来自 Fan (2019)。第 (1) 列和第 (2) 列分别展示了式 (6.16) 中，高、低技能劳动力流动成本的决定系数 α^H 和 α^L。将各列系数代入式 (6.16) 后，便可得到劳动力从 *o* 城市 *i* 行业流入 *d* 城市 *j* 行业的成本。

(3) 城市福利和价格指标测算

根据劳动力流动概率式 (6.10)，在劳动力流动概率 $\pi^s_{od,\,ij}$、流动成本 $d^s_{od,\,ij}$、社保缴费率 τ^I_j 和城市工资率 W^s_{dj} 已知的情况下，利用最优化过程可求得城市福利和一篮子商品价格之比：

$$\min_{A_{dj}/I_d} \left| \pi^s_{od,\,ij} - \frac{\{ (A_{dj}/I^I_d) \cdot [(1 - \tau^I_j)\, W^s_{dj}/d^s_{od,\,ij}] \}^{\epsilon^s}}{\sum_{j'} \sum_{d'} \{ (A_{d'j'}/I^I_{d'}) \cdot [(1 - \tau^I_{j'})\, W^s_{d'j'}/d^s_{od',\,ij'}] \}^{\epsilon^s}} \right|$$

结合后续企业生产函数相关参数校准 6.3.4 小节估计出的价格 P_{dj}，代入式 (6.13) 可求得 I^I_d，并反推城市福利 A_{dj}。

6.3.4 企业生产函数相关参数校准

企业生产函数相关参数包括如下三个部分：第一，企业生产函数式（6.2）中的投入产出系数和各项投入指标。第二，式（6.3）中高、低技能劳动力 CES 函数相关信息。第三，式（6.5）的中间品替代弹性 σ_j、贸易成本 $\tau_{od,j}$ 等信息。

（1）投入产出参数校准

式（6.2）中，未知信息包括 j 行业企业劳动投入的投入产出系数 γ_j^N、来自 j' 行业中间投入的投入产出系数 $\gamma_j^{j'}$，以及劳动生产率 $\varphi_{dj}(v)$、劳动力投入 $E_{dj}(v)$ 和中间投入 $M_{dj}^{j'}(v)$。

本章使用投入产出表分别计算国内和国外的投入产出系数。就国内投入产出系数而言，2002 年中国投入产出表提供的各行业投入和劳动者报酬信息，可用于计算中国农业和非农行业中各类投入要素的份额。世界投入产出数据库（World Input-Output Database）记录了世界主要国家和地区的投入产出信息和社会经济核算数据（Timmer et al.，2015）。其他国家各行业的劳动投入要素份额由 2005 年社会经济核算数据中的中间投入总额和劳动者报酬总额计算得到，之后利用世界投入产出表求得农业和非农行业的中间投入份额。具体取值如表 6.5 所示。

表 6.5 投入产出系数

γ_{output}^{input}		产出 output			
		中国		其他国家 RoW	
		农业产品 A	非农产品 NA	农业产品 A	非农产品 NA
投入 input	劳动力 N	0.53	0.26	0.63	0.32
	农业产品 A	0.18	0.07	0.12	0.01
	非农产品 NA	0.29	0.67	0.25	0.66

数据来源：笔者根据 2002 年中国投入产出表和 2005 年世界投入产出数据库计算得到。

就劳动力投入和中间投入而言，通过式（6.3）对 v 种类中间品积分后，使用 d 城市 j 行业的劳动投入 E_{dj}、中间投入 $M_{dj}^{j'}$ 便能进行后续参数校准和数值模拟过程，并不需要求解生产 v 种类中间品企业的投入信息。其中，劳动投入 E_{dj} 由下文高、低技能劳动力 CES 函数相关参数校准部分求得，中间投入在贸易成本估计部分进行计算。

（2）高、低技能劳动力 CES 函数相关参数校准

参考 Katz and Murphy（1992），设式（6.3）中高、低技能劳动力替代弹性 ρ 为 1.5，意味着高、低技能劳动力存在替代关系。根据企业利润最大化原则，推导出高技能劳动力的相对生产率：

$$\mu_{dj} = \frac{(W_{dj}^H)^{\rho} E_{dj}^H}{(W_{dj}^H)^{\rho} E_{dj}^H + (W_{dj}^L)^{\rho} E_{dj}^L}$$

将 6.3.1 小节和 6.3.3 小节计算得到的 s 技能劳动力收入 W_{dj}^s 和人力资本供给 E_{dj}^s 代入上述方程后，可得高技能劳动力的相对生产率 μ_{dj}。进一步，有企业劳动投入：

$$E_{dj} = \left[\mu_{dj}^{1/\rho} (E_{dj}^H)^{\frac{\rho-1}{\rho}} + (1 - \mu_{dj})^{1/\rho} (E_{dj}^L)^{\frac{\rho-1}{\rho}} \right]^{\frac{\rho}{\rho-1}}$$

（3）其余参数校准

参照 Fan（2019），设农业产品异质性偏好 σ_A 等于 4，非农产品异质性偏好等于 3。

根据企业生产率分布 $F_{dj}(\varphi) = \exp(-T_{dj}\varphi^{-\theta})$ 可推导地区间中间品贸易份额式（6.6），故参数 θ 通常被称为贸易弹性。参考 Tombe（2015），设贸易弹性 θ 为 4。企业平均生产率 T_{dj} 在地区和行业层面具有异质性，且随双边贸易成本 $\tau_{od,j}$ 同步变动，故将之与贸易成本放入同一估计过程。

贸易成本包括国内城市间贸易成本和国内城市与国外的贸易成本。由于我国尚未公布城市间的贸易数据，参考劳动力流动成本的处理方式，将国内城市间的贸易成本 τ_{od} 设为下列变量的函数[①]：

$$\ln\tau_{od} = \beta_1 \ln dist_{od} + \beta_2 IProv_{od} + \beta_3 IRegn_{od} + \beta_4 CultureDist_{od} + e_{od}$$

$$\tag{6.19}$$

其中，$\ln dist_{od}$ 是城市 o 和 d 的对数地理距离，$IProv_{od}$ 表示城市 o 和 d 是否属于同一省份，$IRegn_{od}$ 为城市 o 和 d 是否属于同一地理区域[②]，$CultureDist_{od}$ 表示城市间民族构成差异。若国内贸易成本系数 $\beta^{trade} = \{\beta_1, \beta_2, \beta_3, \beta_4\}$ 已知，将其代入式（6.19）即可得到城市间的贸易成本 τ_{od}。

国内城市 o 与国外 RoW 贸易的对数成本 $\ln\tau_{o, RoW, j}$ 由两个部分构成，一是城市 o 到港口城市 $port$ 的对数最小贸易成本 $\ln\tau_{o, port}$，二是 j 行业对数关税 $\ln\tau_j$。其公式为

---

① 国内贸易成本主要以运输成本为主，本章假设不同行业商品的运输成本相同。

② 包括华东、华南、华北、华中、西南、西北和东北七个地理区域。

$$\ln\tau_{o,\,RoW,\,j} = \ln\tau_j + \ln\tau_{o,\,port} \tag{6.20}$$

如果国内贸易成本已知，罗列出城市 o 到任意港口城市的贸易成本，则能求得 $\ln\tau_{o,\,port}$，式（6.20）的未知参数仅有农业行业关税 τ_A 和非农行业关税 τ_{NA}，记为 $\beta^{tariff} = \{\tau_A, \tau_{NA}\}$。

在估计贸易成本时，生产率 T_{dj} 和最终品价格 P_{dj} 随贸易成本 $\tau_{od,j}$ 的改变而变化。一方面，给定式（6.6）的中间品贸易份额，贸易成本 $\tau_{od,j}$ 提高意味着生产率 T_{dj} 下降，二者相互影响。另一方面，式（6.7）推导出的最终品价格 P_{dj} 是贸易成本 $\tau_{od,j}$ 和生产率 T_{dj} 的函数。因此，估计贸易成本需要同步求解最终品价格和生产率。参照 Fan（2019），采用嵌套估计的方式求解贸易成本、生产率 T_{dj}，以及最终品价格 P_{dj}。具体步骤如下：

第一步，求解国内贸易成本参数 β^{trade}。现阶段，我国城市层面贸易信息有省份间贸易额（Tombe and Zhu，2019）和《城市统计年鉴》提供的城市进口额和出口额。因此，以省份间贸易额、城市进口额占 GDP 比重、城市出口额占 GDP 比重为基准，目标函数是数值模拟得出的上述指标与现实数据相差最小。

第二步，给定国内贸易成本 β^{trade}，求解最优国际贸易成本 β^{tariff}。锚定全国各行业进出口总额占对应行业 GDP 比值，目标函数为数值模拟结果与真实值相差最小。

第三步，给定贸易成本，求解生产率 T_{dj}。根据产品市场均衡条件式（6.14）和式（6.15）可知，存在一组生产率 T_{dj} 使得总产出 $P_{dj}Q_{dj}$ 等于总需求 $\sum_o \delta_{do,\,j}X_{oj}$，最优化过程为

$$\min_{T_{dj}} \left| P_{dj}Q_{dj} - \sum_o \delta_{do,\,j}X_{oj} \right|$$

第四步，给定贸易成本和 T_{dj}，求解最终品价格 P_{dj}。将最终品价格初始值 P^0 代入式（6.4）求得单位生产率下企业生产成本 $c(P^0)$，再利用式（6.7）更新最终品价格 $P[c(P^0)]$。当且仅当 $P^0 = P[c(P^0)]$ 时，P^0 为均衡条件下最终品价格 P_{dj}。本章利用固定点迭代的方式求解该过程：

$$\min_{P_{dj}} \left| P_{dj} - P[c(P_{dj})] \right|$$

贸易成本相关系数的具体结果如表 6.6 所示。与预期一致，城市间距离越远，贸易成本越高。从系数大小来看，城市间地理距离每增加 1%，贸易成本提高 0.75%。产品跨省贸易的成本比省内贸易高了 95%，跨地理

区域贸易的成本比省内贸易高 100.4%①。同时，城市间民族构成差异越大，即社会网络越弱，贸易成本越高。从国际贸易成本角度看，农业行业的对数关税为 0.90。非农行业对数关税更高，是农业行业的 1.22 倍。

将表 6.6 的估计结果代入式（6.19）和式（6.20）后，能够获得国内贸易成本 τ_{od} 和国际贸易成本 $\tau_{o,RoW,j}$。

表 6.6　贸易成本函数估计结果

国内贸易成本		关税	
ln$dist$	0.754***	lnτ_A	0.904***
	(0.000)		(0.000)
$IProv$	0.950***	lnτ_{NA}	1.104***
	(0.000)		(0.000)
$IRegn$	0.054***		
	(0.000)		
$CultureDist$	0.230***		
	(0.000)		

注：***、**、* 分别表示在 1%、5% 和 10% 的水平上显著。变量 ln$dist$ 表示城市间对数地理距离，$IProv$ 表示商品是否跨省贸易，$IRegn$ 表示商品是否跨地理区域贸易，$CultureDist$ 为城市间民族构成差异，τ_A 和 τ_{NA} 分别表示农业行业和非农行业关税。将国内贸易成本相关系数代入式（6.19）可得国内 o 城市和 d 城市间的贸易成本。将关税 τ_A 和 τ_{NA}，以及国内贸易成本代入式（6.20）便能计算出国内 o 城市和国外 RoW 的贸易成本。

6.4　反事实模拟

基于参数校准结果，本部分从经济增长、社会福利、城市间经济差距和技能溢价四个方面，考察人力资本空间分布的经济效应，然后分别评估中间投入品进口成本和劳动力成本通过人力资本空间分布这一渠道带来的经济效应。

首先，我们重点关注优化人力资本空间分布对经济增长的促进作用。在反事实模拟过程中，以本地居民消费和退休居民消费总额 $I_d^j C_d^j + I_d^j G_d^j$ 衡

---

① $IProv$ 和 $IRegn$ 的系数之和等于产品跨地理区域贸易成本相对于省内贸易成本的增加幅度，计算公式为 0.950+0.054=1.004。

量 d 城市 j 部门的经济增长，然后加总得到全国经济增长的衡量指标：

$$GDP = \sum_{d \neq RoW} \sum_{j} (I_d^j C_d^j + I_d^j G_d^j)$$

其次，提升民生福祉是我国经济社会发展的主要目标。我们以全国所有劳动力效用之和衡量社会福利，补充说明优化人力资本空间分布对劳动力生活质量的正向影响。具体计算公式为 $\sum_{l \notin RoW} V_{od,\,ij}^s(l)$ 。

再次，虽然优化人力资本空间分布能够提高人力资本配置效率，但部分城市会因人才流出而受损，兼顾区域经济协调发展也是讨论人力资本空间分布经济效应的重要一环。本部分使用国内各城市经济增长的泰尔指数衡量城市间经济差距。其中，城市层面的经济增长指标同样为 d 城市总消费。

最后，人力资本空间分布对技能溢价同样有着深远影响（Combes et al., 2008；Moretti, 2004a），分析技能溢价变化情况有助于更加全面地认识人力资本空间分布对我国劳动力市场的影响。技能溢价的测算方式为，使用劳动力数 N_{dj}^s 加权计算得到的全国高、低技能劳动力收入之比：

$$\frac{\sum_{d \neq RoW,\,j} (W_{dj}^H \cdot N_{dj}^H) / \sum_{d \neq RoW,\,j} N_{dj}^H}{\sum_{d \neq RoW,\,j} (W_{dj}^L \cdot N_{dj}^L) / \sum_{d \neq RoW,\,j} N_{dj}^L}$$

6.4.1　人力资本空间分布的经济效应

人力资本是城市经济发展的基础，其在空间上的配置效率不仅会影响全国经济增长，也决定了经济的空间分布。在城市经济学和劳动经济学中，降低流动成本是提升人力资本配置效率、优化人力资本分布的关键。我们从三方面量化人力资本空间分布的经济效应：一是限制劳动力仅能跨城市流动但不能跨行业流动；二是劳动力仅能跨行业流动但不能跨城市流动；三是劳动力能同时跨城市和跨行业流动。表 6.7 展示了人力资本空间分布对当前经济活动的解释力。

如第（1）列所示，人力资本跨城市流动能解释全国 GDP 增长的 32.35%，对社会福利的解释力略小，为 7.44%，表明人力资本在城市间的再配置是一个集聚过程，能促进经济增长和社会福利提升。由于人力资本流出地因人才流失而受损、流入地则能从中获益（Biavaschi et al., 2020；王春杨 等，2020），人力资本在城市间再配置会放大区域间经济不平等。

从具体数值看，人力资本跨城市流动解释了 29.74% 的城市间经济差距。就收入不平等而言，劳动力跨城市流动对技能溢价的解释力为 6.93%。换言之，人力资本通过集聚效应推高了技能溢价。

在第（2）列中，人力资本跨行业流动能够解释 38.19% 的经济增长和 30.87% 的社会福利提升，意味着人力资本在行业间的流动是促进经济发展的重要动力。就不平等而言，农村劳动力占比较高的城市有更多的农村劳动力流入非农行业，这部分城市的经济增长幅度更大，使得城市间经济差距缩小。同时，农村劳动力以低技能劳动力为主，其从农业部门转向城镇部门能够大幅提高收入水平，故低技能劳动力收入水平相对提升，技能溢价下降。

第（3）列回答了人力资本空间分布的经济效应。结果显示，相较于人力资本不能流动，当前人力资本空间分布能够解释 59.74% 的经济增长和 36.21% 的社会福利变动，即 59.74% 的经济增长和 36.21% 的社会福利提升可由优化人力资本空间分布解释。与已有文献相比，Tombe and Zhu（2019）发现中国自 2000 年以后，劳动力流动成本迅速下降，能够解释 36% 的经济增长，故本书的研究结果具有可比性。但是，上述人力资本空间分布变化也造成了 30.88% 的城市间经济差距扩大。由于人力资本跨城市流动和跨行业流动对技能溢价产生的影响相反，技能溢价变动幅度不大。

表 6.7 的反事实模拟结果表明，优化人力资本空间分布有助于促进经济增长和社会福利水平提升、缓解收入差距，但也加剧了城市间经济不平等。

表 6.7　人力资本空间分布对当前经济活动的解释力

流动方式	（1） 城市	（2） 行业	（3） 城市和行业
GDP	32.354	38.192	59.737
社会福利	7.439	30.869	36.208
城市间经济差距	29.740	-11.048	30.884
技能溢价	6.928	-8.855	-0.449

注：第（1）列衡量了人力资本跨城市流动对当前经济活动的解释力，第（2）列为人力资本跨行业流动对当前经济活动的解释力，第（3）列是人力资本跨城市和跨行业流动，即人力资本空间分布对当前经济活动的解释力。各列指标的单位为%。其中，GDP 等于全国总消费，社会福利由劳动力效用函数计算得到，城市间经济差距是城市经济增长的泰尔指数，技能溢价等于全国高、低技能劳动力收入之比。

6.4.2 中间投入品进口成本通过人力资本空间分布带来的经济效应

本书第4章利用进口中间品关税削减作为冲击，考察了中间投入品进口成本对人力资本空间分布的影响。本部分以2020年《区域全面经济伙伴关系协定》（regional comprehensive economic partnership，RCEP）为依托，进一步讨论中间投入品进口成本通过人力资本空间分布带来的经济效应。

RCEP是亚太地区最重要的自由贸易协定，协定区域内90%以上货物贸易将实现零关税。参考杨曦和杨宇舟（2022），我们设定农业行业关税 τ_A 和非农行业关税 τ_{NA} 分别下降2.2%和5.39%。根据赫克歇尔-俄林模型和"中心-外围"理论可知，在具备人力资本比较优势、贸易区位优势的地区和行业中，RCEP有助于提高人力资本需求（Burstein and Vogel，2017；Fan，2019；Han et al.，2012）。

表6.8第（1）列的结果显示，随着生产要素成本下降和要素配置效率提升，全国层面的GDP提高3%（钱学锋 等，2021），社会福利增加2.67%，但这也让城市间经济差距扩大了3.05%（Bakker，2019；Epifani and Gancia，2008）。从收入不平等视角看，RCEP使技能溢价下降0.06%（McCaig，2011；王立勇和胡睿，2020）。

进一步，我们通过限制人力资本流动的方式，得到RCEP通过人力资本空间分布带来的影响，具体如第（2）列所示。RCEP通过优化人力资本空间分布使全国GDP和社会福利分别提高了1.96%和0.73%。换言之，人力资本空间分布能解释RCEP带来的65.27%的经济增长，对RCEP推动的社会福利提升的解释力为27.34%[①]。类似地，RCEP通过人力资本空间分布使城市间经济差距和技能溢价分别提升了1.85%和0.29%。

表6.8 中间投入品进口成本通过人力资本空间分布带来的经济效应

指标	（1） RCEP	（2） 人力资本空间分布渠道
GDP	3.003	1.960
社会福利	2.670	0.730

---

① 计算公式为 1.960/3.003×100%=65.27%，以及 0.730/2.670×100%=27.34%。

表6.8(续)

指标	(1) RCEP	(2) 人力资本空间分布渠道
城市间经济差距	3.054	1.846
技能溢价	-0.060	0.294

注：第（1）—（2）列分别展示了关税削减的经济效应，以及关税削减通过人力资本空间分布带来的影响，单位为%。其中，GDP等于全国总消费，社会福利由劳动力效用函数计算得到，城市间经济差距是城市经济增长的泰尔指数，技能溢价等于全国高、低技能劳动力收入之比。

6.4.3　劳动力成本通过人力资本空间分布带来的经济效应

本书第5章利用企业社保缴费作为代理变量，考察了劳动力成本对人力资本空间分布的影响。本部分借助2019年《降低社会保险费率综合方案》（以下简称《方案》），研究劳动力成本通过人力资本空间分布带来的经济效应。

我国社保缴费基数核定标准仅瞄准非私营单位就业人员，忽略了私营单位就业人员工资偏低的重要事实，这种不合理的核定标准抬高了劳动力成本。鉴于此，国务院办公厅于2019年发布的《方案》不仅降低了社保缴费率，还将社保缴费基数核定标准从非私营单位就业人员平均工资调整为非私营和私营单位就业人员平均工资，有效缓解了社保缴费基数过高的问题。基于此，本章模拟社保缴费率下调1个百分点、调整社保缴费基数核定标准，以及二者共同实施带来的影响，然后评估劳动力成本通过调整人力资本空间分布对经济活动产生的影响。

企业社保税率由缴费率和缴费基数共同组成，其影响劳动力流动的渠道有四：第一，企业社保税率下降会提高非农行业劳动力需求。第二，社保缴费基数下限具有累退性，是以社保税率对地区收入存在异质性影响（Fajgelbaum et al.，2019）。第三，高、低技能劳动力的社保缴费基数负担的税收弹性存在差异，导致社保政策对高、低技能劳动力的影响不同。第四，社保税率下降意味着劳动力成本下降，城市在劳动生产率上的比较优势将影响人力资本流动方向。

表6.9第（1）—（2）列分别汇报了调整企业社保缴费率和缴费基数负担的反事实模拟结果。结果显示，两种调整方式都有助于降低企业劳动力成本，提高人力资本配置效率（Hsieh and Klenow，2009；唐珏和封进，

2020)。具体地，两种方式分别使全国 GDP 提高了 0.17% 和 0.54%，社会福利的提升幅度更大，分别为 0.83% 和 1.82%。由于全国各地区企业社保缴费率相同，下调企业社保缴费率对城市间经济差距的影响较小，仅为 0.03%。在地区层面，《方案》大幅降低了东部沿海地区社保缴费基数，表现为城市间经济增长不平等程度提高 0.6%。企业社保缴费率下调 1 个百分点，技能溢价提高 0.23%。由于下调企业社保缴费基数对低技能劳动力收入的促进作用大于高技能劳动力，技能溢价将下降 0.91%。

表 6.9　劳动力成本通过人力资本空间分布带来的经济效应

指标	(1)	(2)	(3)	(4)
	缴费率	基数负担	综合调整	人力资本空间分布渠道
GDP	0.172	0.542	0.714	0.713
社会福利	0.825	1.824	2.668	1.475
城市间经济差距	0.027	0.596	0.625	0.630
技能溢价	0.226	−0.914	−0.697	−0.342

注：第 (1) — (3) 列汇报了企业社保缴费率下调 1 个百分点、调整企业社保缴费基数，以及二者同步实施的政策效果，第 (4) 列为《方案》通过人力资本空间分布这一渠道带来的影响，反映了劳动力成本通过人力资本空间分布带来的经济效应，单位为%。其中，GDP 等于全国总消费，社会福利由劳动力效用函数计算得到，城市间经济差距是城市经济增长的泰尔指数，技能溢价等于全国高、低技能劳动力收入之比。

　　第 (3) 列是《方案》的整体效果，具体方法为同时下调企业社保缴费率和缴费基数。结果显示，《方案》实施带来的经济效应基本等于第 (1) 列和第 (2) 列的结果之和。以 GDP 增长幅度为例，《方案》使 GDP 提高了 0.71%，而单独调整企业社保缴费率和单独调整企业社保缴费基数负担的影响之和为 0.17%+0.54% = 0.71%，二者基本相等。因此，同时调整企业社保缴费率和缴费基数负担并不会造成政策效果相互抵消。

　　第 (4) 列汇报了社保缴费通过人力资本空间分布带来的影响。从经济增长角度看，社保通过调整人力资本空间分布使 GDP 和城市间经济差距分别提高了 0.71% 和 0.63%，与社保的总效应相等。因此，人力资本空间分布这一渠道基本能完全解释社保缴费带来的经济增长和城市间经济差距变动。同时，社保缴费通过人力资本空间分布带来了 1.48% 的社会福利提升和 0.34% 的技能溢价下降，即人力资本空间分布对社保缴费改革带来的社会福利提升和技能溢价下降的解释力分别为 55.28% 和 49.07%①。上述结果表明，人力资本空间分布是劳动力成本起作用的主要渠道。

6.5　本章小结

要素市场化配置改革是推动经济发展质量变革、效率变革和动力变革的关键。本章在包含异质性劳动力流动和异质性商品贸易的空间均衡模型框架下，量化了人力资本空间分布的经济效应。通过参数校准与反事实模拟，发现人力资本配置效率是推动经济增长的重要力量。相较于人力资本不能流动的情况，当前经济增长的 59.74% 来自人力资本空间分布的优化。进一步，利用 2020 年《区域全面经济伙伴关系协定》和 2019 年《降低社会保险费率综合方案》，分别考察中间投入品进口成本和劳动力成本通过人力资本分布带来的经济效应。研究发现，关税削减通过人力资本空间分布带来了 1.96% 的经济增长。换言之，人力资本空间分布这一渠道能够解释中间投入品进口成本下降推动的 65.27% 的经济增长。社保缴费改革通过人力资本空间分布带来 0.71% 的经济增长，并且人力资本空间分布是劳动力成本起作用的主要渠道。

本章的研究结论表明，调整人力资本空间分布是促进经济增长的重要方式，也是要素成本改革增进社会福利的关键渠道。本章的结论明晰了人力资本空间分布的重要性：第一，深化户籍制度改革、加强基础设施建设，继续提升人力资本在空间上的配置效率，进而推动经济增长并提升社会福利。第二，通过深入国际贸易体系并降低制度差异带来的地区间劳动力成本差异，可以加强要素成本市场化并优化人力资本空间分布，进而推动经济增长。第三，注意权衡全国经济增长与城市间经济差距扩大，短期内人力资本再配置是一个零和过程，必然会使部分城市受损，这是政府部门在提升人力资本配置效率以及深化要素成本改革过程中面临的重要问题。

---

①　以全国社会福利为例，计算公式为 1.475/2.668×100% = 55.28%。

7 结论、建议、不足与展望

7.1 研究结论

本书梳理了人力资本空间分布相关理论和文献，并对我国人力资本空间分布的静态特征和动态演进趋势进行刻画。然后，通过明晰中间投入品和劳动力这两个生产要素的重要性，从要素成本视角探讨人力资本空间分布的影响因素：一是利用进口中间品关税作为中间投入品进口成本的代理变量，研究中间投入品进口成本空间差异如何影响人力资本空间分布，并从技术进步和人力资本供求关系角度阐述了影响机制；二是以企业社保缴费基数作为劳动力成本的代理变量，利用空间均衡视角下的人力资本供求机制，研究劳动力成本如何影响人力资本空间分布。进一步，探讨优化人力资本空间分布推动的经济增长，并量化要素成本通过人力资本空间分布这一渠道带来的经济效应。本书的主要结论有如下四点：

第一，本书使用 2000—2015 年人口普查微观数据和 2000—2020 年中国人口普查县级资料，利用大专及以上学历劳动力占比衡量了城市人力资本，所得指标与 J-F 收入法计算出的地区人力资本高度相关。在静态视角下，中国人力资本呈现东高西低的特征，并且大城市人力资本普遍较高。从动态演进趋势看，我国城市间人力资本差距逐渐扩大，呈现出朝东部沿海地区集聚的趋势。同时，人力资本还会向历史人力资本积累丰厚的地区集聚，即人力资本在空间上具有分化特征。

第二，城市中间投入品进口成本下降有利于促进城市人力资本提升。我们利用城市产业结构差异，构造了类似 Bartik 工具变量的城市进口中间品关税指标，并以此作为城市中间投入品进口成本的代理变量。实证分析结果显示，城市进口中间品关税每下降 1 个百分点，城市人力资本提高

0.78 个百分点，能解释人力资本空间分布变动的 15.10%，说明中间投入品进口成本的空间差异是影响人力资本空间分布的重要因素。在影响机制方面，本书利用城市 TFP、专利数量和引用量以及工商企业注册信息，验证了技术进步这一重要渠道。同时，结合 2004 年经济普查数据和劳动力流动信息，发现人力资本供求机制也是中间投入品进口成本起作用的关键渠道，表现为企业人力资本需求增加以及促进人力资本跨城市流动。进一步，城市人力资本提升的来源是吸引外地高技能劳动力流入、减缓本地高技能劳动力流出，而非城市人口结构变动。异质性分析表明，城市区位优势、城市在人力资本积累上的比较优势、城市低技能劳动力落户门槛以及劳动力市场灵活度均会强化中间投入品进口成本的影响。其中，中间投入品进口成本对靠近港口城市的人力资本影响更强，有助于解释人力资本向东部地区集聚的特征。

第三，劳动力成本是影响人力资本空间分布的重要因素。本书通过空间均衡模型，以社保缴费基数作为政策冲击，量化了劳动力成本对人力资本空间分布的影响。本书在引入劳动力技能异质性的基础上，假设劳动力的人力资本存在个体异质性，并根据劳动力流动模型推导出城市人力资本供给。企业根据利润最大化原则选择最优劳动力投入，构成了城市人力资本需求。其中，企业雇佣劳动力的成本包括两部分，分别是城市工资率以及由社保缴费率和缴费基数负担构成的社保税率。基于空间均衡条件，我们利用人口普查微观数据和全国流动人口动态监测调查数据对模型参数进行结构估计。参数估计结果表明，社保缴费基数负担会提高企业雇佣劳动力的成本。在流动人口中，低技能劳动力的社保缴费基数负担的税收弹性比高技能劳动力高 0.17，意味着社保缴费基数负担每提高 1%，低技能劳动力的相对成本提升 0.17%，低技能劳动力相对需求随之减少。利用社保缴费基数负担的空间异质性，反事实模拟结果显示，社保缴费基数负担能解释 10.53% 的人力资本空间分布变动，说明劳动力成本是改变人力资本空间分布的重要因素。结合 2019 年《降低社会保险费率综合方案》，模拟了劳动力成本对城市人力资本的影响。政策实施后，各地劳动力成本均出现下降，且东部地区下降更多，这就减缓了人力资本朝东部地区集聚的趋势。

第四，优化人力资本空间分布是推动经济增长的重要动力。本书将中间品贸易、社保缴费和产业关联引入量化空间均衡模型，假定企业根据利润最大化原则选择最优高、低技能劳动力投入和各行业中间投入，而具有人力资本异质性的劳动力则根据效用最大化选择流动方向。在理论模型中，本书基于比较优势理论和"中心-外围"理论，通过城市在产业和地理区位上的比较优势构建了中间投入品进口成本对人力资本空间分布的影响渠道。同时，以社保缴费基数的累退性和异质性劳动力间的社保缴费基数的税收弹性差异，构建了劳动力成本对人力资本空间分布的影响渠道。在产品市场和劳动力市场均衡条件下，我们利用人口普查微观数据等对模型参数进行校准，并反事实模拟了人力资本空间分布的经济效应。估计结果显示，与人力资本不能流动相比，当前经济增长的 59.74% 来自人力资本空间分布的优化。进一步，本书利用 2020 年《区域全面经济伙伴关系协定》和 2019 年《降低社会保险费率综合方案》，分别考察了降低中间投入品进口成本和劳动力成本通过人力资本分布带来的经济效应。研究发现：关税削减通过优化人力资本空间分布推动了 1.96% 的经济增长。换言之，人力资本空间分布这一渠道能够解释关税削减带来的 65.27% 的经济增长。社保缴费改革通过优化人力资本空间分布带来了 0.71% 的经济增长，并且人力资本空间分布是劳动力成本起作用的主要渠道。这意味着，降低要素成本能通过优化人力资本空间分布促进经济增长。

7.2 政策建议

通过研究要素成本对人力资本空间分布的影响以及由此产生的经济效应，本书对促进人力资本在空间上的合理有序流动、提升人力资本空间配置效率、推动经济增长有如下政策建议：

第一，重视人力资本在空间上的结构性失衡，健全以需求为导向的人力资本空间配置机制。现阶段，我国各城市人力资本供给和企业需求不匹配，表现为欠发达地区人力资本供给不足，而大城市人力资本供给过剩，存在过度技能化现象。为优化人力资本空间分布，必须以市场化下的供求匹配机制为依托，建立以需求为导向的人力资本配置政策来增进人力资本配置效率，实现经济持续增长。一方面，通过消除公共政策和地理因素导致的城市间要素成本差异来调整人力资本需求，实现优化人力资本空间分布的政策目标；另一方面，要加快全国产业转型升级，推动欠发达地区中具有比较优势的新兴产业发展，提供更高质量的就业机会，筑牢人力资本流动的基础。

第二，稳步推进要素市场化配置改革，破除阻碍人力资本流动的因素。现阶段，我国依然存在人才流动不畅通的问题，劳动力市场面临着人力资本流动规模不断扩大但配置效率不足的双重矛盾。因此，尊重市场经济的基本规律，通过健全人力资本流动机制来发挥市场力量在人力资本配置中的决定性作用，是增进人力资本配置效率的关键。首先，健全劳动力市场体系，打破地区分割造成的劳动力市场不统一问题，并且建设更加灵活的劳动力市场来实现人力资本供求均衡。其次，深化户籍制度改革、加强基础设施建设，破除制度不合理和交通因素造成的人力资本跨地区流动壁垒，增强市场需求在引导人力资本配置中的作用。最后，推进公共服务均等化，通过缩小不同城市间的公共服务差距来消除劳动力流动障碍，在实现人力资本配置效率提升的同时，还有助于鼓励人力资本向艰苦边远地区转移，起到协同推进共同富裕的作用。

第三，消除制度因素带来的城市间劳动力成本差异，优化人力资本空间分布。劳动力成本作为决定企业人力资本需求的核心要素，是优化人力资本空间分布的关键。目前，以企业社保缴费基数负担为代表的相关政策改变了企业雇佣不同技能劳动力的成本，并且这类劳动力市场政策普遍具有地区异质性，在一定程度上不利于发挥价格机制在要素市场化配置中的积极作用。因此，政府在积极维护劳动力市场公平有效的同时，避免职能错位是增进人力资本配置效率的重点改革方向。具体而言，地方政府要根据实际收入水平来制定更合理的企业社保缴费基数，中央政府也要对各地区标准进行适度调整，缓解因标准制定不合理带来的地区间劳动力成本差异，确保价格机制对人力资本空间分布的调节作用。

第四，坚持共建"一带一路"并提升沿边地区城市开放力度，增加内陆城市和欠发达地区的国际贸易参与。我国港口城市和沿海城市在国际贸易参与上具有较强的比较优势，能够以更低的成本获得进口中间品，表现为沿海城市的中间投入品进口成本低于内陆城市，这会推动人力资本从内陆城市向沿海城市集聚，不利于区域间经济协调发展。在国际发展的新形势下，共建"一带一路"倡议和沿边地区城市开放有助于降低内陆城市和欠发达地区的中间投入品进口成本，起到缓解内陆城市人力资本流失和协同推进共同富裕的作用。

第五，发挥生产要素间的协同作用，提高劳动力要素和其他要素的组合配置效率。与单项推进的政策改革不同，要素市场化配置涉及多个方面，具有多点突破和协同推进的鲜明特征。实施这类一揽子政策需要重视不同政策间的联动关系，不仅要避免政策重叠带来的效率损失，还要尽可能形成一股合力，通过政策的交互作用释放政策效能。一方面，通过调整各类要素成本优化人力资本空间分布。中间投入等各类生产要素的成本变动必然会改变企业人力资本需求，这使得要素市场化配置具有整体性和协同性。另一方面，人力资本空间分布是其他生产要素推动经济增长的重要渠道，意味着要素市场化配置具有叠加效果，优化人力资本空间分布能够放大其他要素的市场化改革的政策效果。

7.3　研究不足与展望

本书从要素成本视角研究中国人力资本空间分布的影响因素，并量化了人力资本空间分布的经济效应，但是上述研究仍可能存在不足之处。通过对这些问题的细致分析，我们还对未来的进一步研究进行了展望。

首先，从动态视角对人力资本空间分布的影响因素与经济效应进行研究。本书聚焦在要素成本对当期人力资本空间分布的影响，还量化了人力资本空间分布对当期经济增长、收入分配和区域经济协调发展的影响。实际上，人力资本空间分布表现出大分化这一长期演变趋势，这是当前静态空间均衡模型较难讨论的问题。同时，在动态视角下将人力资本投资引入理论模型，有助于从长期视角厘清人力资本的投资与配置。整体而言，动态视角下的中国人力资本空间分布是我们需要关注的重点问题。

其次，本书在测算城市人力资本指标时，一是要完全覆盖全国所有地级市，二是尽可能反映人力资本水平，三是要能和理论模型紧密结合。受制于城市层面和个人层面数据可得性，本书使用文献中常用的高技能劳动力占比来衡量城市人力资本，忽略了健康、职业等信息，同时也未能反映城市人力资本存量特征。因此，结合理论模型构建更为完善的城市人力资本指标将是我们努力的方向。在讨论劳动力成本对人力资本空间分布影响的研究中，由于我国人口普查微观数据中仅有 2005 年这一期的数据包含劳动力收入信息，这在一定程度上不利于空间均衡模型的拓展，也限制了城市人力资本指标度量方式。如何使用机器学习等方法对其他年份人口普查微观数据的收入信息进行插值是值得探索的方向。

再次，本书聚焦要素市场化配置视角下的人力资本空间分布问题，并未关注中央政府引导人才向欠发达地区转移的政策效果。理论上，我国人力资本呈现向发达地区集聚的趋势，这有效地推动了全国层面的经济增长，但欠发达地区会因人才流失而发展受阻。中央政府制定的鼓励人才向艰苦边远地区流动的政策，推动了欠发达地区的经济增长。那么，如何在缓解地区间人力资本不平等的基础上兼顾人力资本配置效率，是政策制定的重点改革方向。从劳动力市场匹配以及城市规模溢价角度看，发达地区和欠发达地区对人才的技能和职业等需求存在差异，中央政府如果鼓励与地区产业结构和自然禀赋相契合的人才向欠发达地区转移，便能有效提升人力资本在空间、行业、部门，乃至职业上的配置效率，进而推动经济增长。在未来的研究中，我们将从多个维度考察人力资本配置效率，全方位量化人才引导政策的真实效果。

最后，除了中间投入品和劳动力外，其他要素成本可能也是影响人力资本空间分布的重要因素。就资本而言，由于资本与高技能劳动力具有互补效应，并且资本积累也会推动技术进步，其对人力资本空间分布的影响与中间投入是类似的。但是，资本成本在城市间通常没有差异，弄清楚资本成本空间差异来源和相关影响机制将是研究此问题的关键。对土地要素来说，土地成本不仅会通过房租或房价影响劳动力流动，还会通过企业进入退出等方式改变企业劳动力需求，但既有文献较少关注土地成本对人力资本空间分布的影响，尤其是缺乏在空间均衡框架下讨论这一问题的研究。因此，厘清其他要素成本对人力资本空间分布的影响需要通过进一步研究来解答。

参考文献

蔡昉，2021. 中国老龄化挑战的供给侧和需求侧视角［J］. 经济学动态（1）：27-34.

蔡昉，都阳，2011. 工资增长、工资趋同与刘易斯转折点［J］. 经济学动态（9）：9-16.

陈斌开，杨汝岱，2013. 土地供给、住房价格与中国城镇居民储蓄［J］. 经济研究（1）：110-122.

陈斌开，张川川，2016. 人力资本和中国城市住房价格［J］. 中国社会科学（5）：43-64，205.

戴琼瑶，刘家强，唐代盛，2021. 中国人力资本红利及空间效应研究［J］. 人口研究（5）：33-48.

邓仲良，2021. 如何促进人力资本的空间再平衡：基于中国 275 个地级市研究［J］. 湖北大学学报（哲学社会科学版）（4）：129-139.

杜鹏，翟振武，陈卫，2005. 中国人口老龄化百年发展趋势［J］. 人口研究（6）：90-93.

杜鹏程，徐舒，张冰，2021. 社会保险缴费基数改革的经济效应［J］. 经济研究（6）：142-158.

方森辉，毛其淋，2021. 高校扩招、人力资本与企业出口质量［J］. 中国工业经济（11）：97-115.

封进，2013. 中国城镇职工社会保险制度的参与激励［J］. 经济研究（7）：104-117.

封进，2014. 社会保险对工资的影响：基于人力资本差异的视角［J］. 金融研究（7）：109-123.

高波，王紫绮，2021. 高铁开通提高了中国城市经济增长质量吗?：基于劳动力流动视角的解释［J］. 产业经济研究（4）：55-68.

何炜，2020. 教育差异、公共服务提供与劳动力定居意愿［J］. 经济科学（4）：84-96.

鞠建东，陈骁，2019. 新新经济地理学多地区异质结构的量化分析：文献综述 [J]. 世界经济（9）：3-26.

黎嘉辉，2019. 城市房价、公共品与流动人口留城意愿 [J]. 财经研究（6）：86-100.

李海峥，贾娜，张晓蓓，等，2013. 中国人力资本的区域分布及发展动态 [J]. 经济研究（7）：49-62.

李海峥，梁赟玲，FRAUMENI B，等，2010. 中国人力资本测度与指数构建 [J]. 经济研究（8）：42-54.

李红阳，邵敏，2017. 城市规模、技能差异与劳动者工资收入 [J]. 管理世界（8）：36-51.

李松亮，曾小明，曾祥炎，等，2020. 地级市尺度下人力资本的空间特征及驱动因子 [J]. 经济地理（8）：43-48，113.

李亚玲，2021. 我国人力资本空间分布与地区经济发展研究 [M]. 北京：人民出版社.

李玉江，2005. 区域人力资本研究 [M]. 北京：科学出版社.

梁若冰，汤韵，2008. 地方公共品供给中的 Tiebout 模型：基于中国城市房价的经验研究 [J]. 世界经济（10）：71-83.

梁文泉，陆铭，2015. 城市人力资本的分化：探索不同技能劳动者的互补和空间集聚 [J]. 经济社会体制比较（3）：185-197.

刘修岩，杜聪，李松林，2019. 自然地理约束、土地利用规制与中国住房供给弹性 [J]. 经济研究（4）：99-115.

陆铭，张航，梁文泉，2015. 偏向中西部的土地供应如何推升了东部的工资 [J]. 中国社会科学（5）：59-83，204-205.

罗勇根，杨金玉，陈世强，2019. 空气污染、人力资本流动与创新活力：基于个体专利发明的经验证据 [J]. 中国工业经济（10）：99-117.

马双，张劼，朱喜，2012. 最低工资对中国就业和工资水平的影响 [J]. 经济研究（47）：132-146.

毛其淋，许家云，2016. 中间品贸易自由化与制造业就业变动：来自中国加入 WTO 的微观证据 [J]. 经济研究（1）：69-83.

倪红福，2021. 生产网络结构、减税降费与福利效应 [J]. 世界经济（1）：25-53.

彭树宏，2019. 中国地区人力资本不平等及其空间分布的动态演进[J]. 中央财经大学学报（11）：115-128.

钱学锋，李莹，王备，2021. 消费者异质性、中间品贸易自由化与个体福利分配[J]. 经济学（季刊）（5）：1661-1690.

邵文波，匡霞，林文轩，2018. 信息化与高技能劳动力相对需求：基于中国微观企业层面的经验研究[J]. 经济评论（2）：15-29.

宋弘，吴茂华，2020. 高房价是否导致了区域高技能人力资本流出？[J]. 金融研究（3）：77-95.

孙楚仁，马艳君，陈瑾，2020. 最低工资对企业内部雇佣技能结构的影响[J]. 经济科学（4）：97-110.

孙三百，2016. 城市移民收入增长的源泉：基于人力资本外部性的新解释[J]. 世界经济（4）：170-192.

孙伟增，郭冬梅，2021. 信息基础设施建设对企业劳动力需求的影响：需求规模、结构变化及影响路径[J]. 中国工业经济（11）：78-96.

孙伟增，张晓楠，郑思齐，2019. 空气污染与劳动力的空间流动：基于流动人口就业选址行为的研究[J]. 经济研究（11）：102-117.

汤玉刚，陈强，满利苹，2016. 资本化、财政激励与地方公共服务提供：基于我国35个大中城市的实证分析[J]. 经济学（季刊）（1）：217-240.

唐珏，封进，2019. 社会保险缴费对企业资本劳动比的影响：以21世纪初省级养老保险征收机构变更为例[J]. 经济研究（11）：87-101.

唐珏，封进，2020. 社保缴费负担、企业退出进入与地区经济增长：基于社保征收体制改革的证据[J]. 经济学动态（6）：47-60.

王春超，叶蓓，2021. 城市如何吸引高技能人才？：基于教育制度改革的视角[J]. 经济研究（6）：191-208.

王春杨，兰宗敏，张超，等，2020. 高铁建设、人力资本迁移与区域创新[J]. 中国工业经济（12）：102-120.

王俊，2021. 经济集聚、技能匹配与大城市工资溢价[J]. 管理世界（4）：83-98.

王立勇，胡睿，2020. 贸易开放与工资收入：新证据和新机制[J]. 世界经济（4）：145-168.

王永进，李宁宁，2021. 中间品贸易自由化与要素市场扭曲[J]. 中国工业经济（9）：43-61.

席艳乐，张一诺，吴承骏，2021. 最低工资问题研究新进展［J］. 经济学动态（11）：145-160.

夏怡然，陆铭，2015. 城市间的"孟母三迁"：公共服务影响劳动力流向的经验研究［J］. 管理世界（10）：78-90.

夏怡然，陆铭，2018. 行政主导的人力资本均衡可否持续：让历史告诉未来［J］. 学术月刊（5）：45-55.

夏怡然，陆铭，2019. 跨越世纪的城市人力资本足迹：历史遗产、政策冲击和劳动力流动［J］. 经济研究（1）：132-149.

夏怡然，张翕，周小刚，2020. 空间的力量：在集聚中积累的人力资本［M］. 上海人民出版社.

邢春冰，2010. 迁移、自选择与收入分配：来自中国城乡的证据［J］. 经济学（季刊）（2）：633-660.

徐舒，王茹，王慧，2022. 社保征收体制改革、社保费率调整与社保基金收入：一个综合的理论框架［J］. 经济研究（9）：137-154.

鄢伟波，安磊，2021. 社会保险缴费与转嫁效应［J］. 经济研究（9）：107-123.

杨金玉，罗勇根，2019. 高铁开通的人力资本配置效应：基于专利发明人流动的视角［J］. 经济科学（6）：92-103.

杨曦，杨宇舟，2022. 全球价值链下的区域贸易协定：效应模拟与机制分析［J］. 世界经济（5）：29-56.

杨小忠，罗乐，2021. 城市人力资本空间分层：异质性公共服务视角［J］. 当代财经（2）：3-14.

叶文平，李新春，陈强远，2018. 流动人口对城市创业活跃度的影响：机制与证据［J］. 经济研究（6）：157-170.

余淼杰，高恺琳，2021. 进口中间品和企业对外直接投资概率：来自中国企业的证据［J］. 经济学（季刊）（4）：1369-1390.

张川川，2015. 出口对就业、工资和收入不平等的影响：基于微观数据的证据［J］. 经济学（季刊）（4）：1611-1630.

张萃，2019. 外来人力资本、文化多样性与中国城市创新［J］. 世界经济（11）：172-192.

张萃，李亚倪，2021. 城市人力资本、社会交流网络与企业创新［J］.

经济与管理评论（6）：51-62.

张帆，2000. 中国的物质资本和人力资本估算 [J]. 经济研究（8）：
65-71.

张海峰，林细细，梁若冰，等，2019. 城市生态文明建设与新一代劳动力流动：劳动力资源竞争的新视角 [J]. 中国工业经济（4）：81-97.

张吉鹏，黄金，王军辉，等，2020. 城市落户门槛与劳动力回流 [J]. 经济研究（7）：175-190.

张吉鹏，卢冲，2019. 户籍制度改革与城市落户门槛的量化分析 [J]. 经济学（季刊）（4）：1509-1530.

张军涛，翟婧彤，贾宾，2021. 城市规模与人力资本技能溢价：集聚效应和选择效应 [J]. 统计研究（2）：73-86.

张莉，何晶，马润泓，2017. 房价如何影响劳动力流动？[J]. 经济研究（8）：155-170.

张明志，岳帅，2022. 外部关税变动对中国区域劳动力就业的影响 [J]. 中国工业经济（1）：113-131.

张同斌，2016. 从数量型"人口红利"到质量型"人力资本红利"：兼论中国经济增长的动力转换机制 [J]. 经济科学（5）：5-17.

张勇，2020. 人力资本贡献与中国经济增长的可持续性 [J]. 世界经济（4）：75-99.

赵灿，刘啟仁，2019. 进口自由化有利于企业人力资本优化吗？：来自中国微观企业的证据 [J]. 经济科学（6）：43-55.

赵春明，李震，李宏兵，2020. 主动扩大进口对中国人力资本积累的影响效应：来自最终品关税削减的长期证据 [J]. 中国工业经济（11）：61-79.

赵方，袁超文，2017. 中国城市化发展：基于空间均衡模型的研究 [J]. 经济学（季刊）（4）：1643-1668.

赵扶扬，陈斌开，傅春杨，2022. 动态量化空间均衡模型的理论进展与中国应用 [J]. 中国工业经济（9）：43-63.

赵勇，魏后凯，2013. 城市人力资本外部性测度方法研究进展与展望 [J]. 经济学动态（9）：60-69.

周慧珺，傅春杨，龚六堂，2022. 人口流动、贸易与财政支出政策的地区性配置 [J]. 中国工业经济（2）：42-60.

周茂，李雨浓，姚星，等，2019. 人力资本扩张与中国城市制造业出口升级：来自高校扩招的证据 [J]. 管理世界（5）：64-77，198-199.

周颖刚，蒙莉娜，卢琪，2019. 高房价挤出了谁？：基于中国流动人口的微观视角 [J]. 经济研究（9）：106-122.

ABRAHAM K G, MALLATT J, 2022 . Measuring human capital [J], Journal of economic perspectives, 36（3）：103-130.

ABRAMITZKY R, 2009. The effect of redistribution on migration: evidence from the Israeli kibbutz [J]. Journal of public economics, 93（3-4）：498-511.

ACEMOGLU D, 2003. Patterns of skill premia [J]. Review of economic studies, 72（2）：199-230.

AGHION P, BLUNDELL R, GRIFFITH R, et al, 2009. The effects of entry on incumbent innovation and productivity [J]. Review of economics and statistics, 91（1）：20-32.

AHLFELDT G M, REDDING S J , STURM D M, et al, 2015. The Economics of Density: evidence from the Berlin Wall [J]. Econometrica, 83（6）：2127-2189.

AKCIGIT U, HANLEY D, SERRANO-VELARDE N, 2021. Back to basics: basic research spillovers, innovation policy and growth [J]. Review of economic studies, 88（1）：1-43.

ALLEN T, ARKOLAKIS C , 2014. Trade and the topography of the spatial economy [J]. Quarterly journal of economics, 129（3）：1085-1140.

ALONSO C, BERG A, KOTHARI S, et al, 2022. Will the AI revolution cause a great divergence? [J]. Journal of monetary economics（127）：18-37.

AMITI M, KONINGS J, 2007. Trade liberalization, intermediate inputs, and productivity: evidence from Indonesia [J]. American economic review, 97（5）：1611-1638.

AUER R A, 2015. Human capital and the dynamic effects of trade [J]. Journal of development economics（117）：107-118.

AUTOR D H, DORN D, 2013. The growth of low-skill service jobs and the polarization of the US labor market [J]. American economic review, 103（5）：1553-1597.

AUTOR D H, DORN D, HANSON G H, 2013. The China syndrome:

local labor market effects of import competition in the United States [J]. American economic review, 103 (6): 2121-2168.

AUTOR D H, DORN D, HANSON G H, et al, 2014. Trade adjustment: worker-level evidence [J]. Quarterly journal of economics, 129 (4): 1799-1860.

AUTOR D H, KATZ L F, KEARNEY M S, 2006. The polarization of the U. S. labor market [J]. American economic review, 96 (2): 189-194.

AUTOR D H, LEVY F, MURNANE R J, 2003. The skill content of recent technological change: an empirical exploration [J]. Quarterly journal of economics, 118 (4): 1279-1333.

BACOLOD M, BLUM B S, STRANGE W C, 2009. Skills in the city [J]. Journal of urban economics, 65 (2): 136-153.

BAIROLIYA N, MILLER R, 2021. Social insurance, demographics, and rural-urban migration in China [J]. Regional science and urban economics (91): 103615.

BAKKER J D, 2019. International trade and regional inequality [R]. CEPREMAP Working Paper.

BARRO R J, LEE J W, 2013. A new data set of educational attainment in the world, 1950-2010 [J]. Journal of development economics (104): 184-198.

BARTIK T J, 1991. Who benefits from state and local economic development policies? [M]. Kalamazoo, Michigan: W. E. Upjohn Institute for Employment Research.

BARTOLUCCI C, VILLOSIO C, WAGNER M, 2018. Who migrates and why? evidence from italian administrative data [J]. Journal of labor economics, 36 (2): 551-588.

BAYER P, KEOHANE N, TIMMINS C, 2009. Migration and hedonic valuation: The case of air quality [J]. Journal of environmental economics and management, 58 (1): 1-14.

BAYER P, TIMMINS C, 2007. Estimating equilibrium models of sorting across locations [J]. Economic journal, 117 (518): 353-374.

BECKER G S, 1962. Investment in human capital: a theoretical analysis

[J]. Journal of political economy, 70 (5): 9-49.

BEHRENS K, DURANTON G, ROBERT-NICOUD F, 2014. Productive cities: sorting, selection, and agglomeration [J]. Journal of political economy, 122 (3): 507-553.

BENZARTI Y, HARJUJ, 2021. Using payroll tax variation to unpack the black box of firm-level production [J]. Journal of the European economic association, 19 (5): 2737-2764.

BERNARD A B, EATON J, JENSEN J B, et al, 2003. Plants and productivity in international trade [J]. American economic review, 93 (4): 1268-1290.

BERRY C R, GLAESER E L, 2005. The divergence of human capital levels across cities [J]. Papers in Regional Science, 84 (3): 407-444.

BERRY S, LEVINSOHN J, PAKES A, 2004. Differentiated products demand systems from a combination of micro and macro data: the new car market [J]. Journal of political economy, 112 (1): 68-105.

BIAVASCHI C, BURZYŃSKI M, ELSNER B, et al, 2020. Taking the skill bias out of global migration [J]. Journal of development economics (142): 102317.

BLUNDELL R, MACURDY T, 1999. Labor supply: a review of alternative approaches [C] //ASHENFELTER O C, CARD D. Handbook of Labor Economics. Elsevier.

BOGUE D J, 1959. Internal migration [C] //HAUSER P M, DUNCAN O D. The study of population: an inventory and appraisal. Chicago: University of Chicago Press.

BORJAS G J, 1987. Self-selection and the earnings of immigrants [J]. American economic review, 77 (4): 531-553.

BORJAS G J, BRONARS S G, TREJO S J, 1992. Self-selection and internal migration in the United States [J]. Journal of urban economics, 32 (2): 159-185.

BORUSYAK K, DIX-CARNEIRO R, KOVAK B K, 2022. Understanding migration responses to local shocks [R]. SSRN Working Paper.

BRANDT L, VAN BIESEBROECK J, WANG L, et al, 2017. WTO

accession and performance of Chinese manufacturing firms [J]. American economic review, 107 (9): 2784-2820.

BROXTERMAN D A, YEZER A M, 2020. Measuring human capital divergence in a growing economy [J]. Journal of urban economics (118): 103255.

BRYAN G, MORTEN M, 2019. The aggregate productivity effects of internal migration: evidence from Indonesia [J]. Journal of political economy, 127 (5): 2229-2268.

BURSTEIN A, CRAVINO J, VOGEL J, 2013. Importing skill – biased technology [J]. American economic journal: macroeconomics, 5 (2): 32-71.

BURSTEIN A, VOGEL J, 2017. International trade, technology, and the skill premium [J]. Journal of political economy, 125 (5): 1356-1412.

CADENA B C, 2014. Recent immigrants as labor market arbitrageurs: evidence from the minimum wage [J]. Journal of urban economics (80): 1-12.

CADENA B C, KOVAK B K, 2016. Immigrants equilibrate local labor markets: evidence from the great recession [J]. American economic journal: applied economics, 8 (1): 257-290.

CALIENDO L, DVORKIN M, PARRO F, 2019. Trade and labor market dynamics: general equilibrium analysis of the China trade shock [J]. Econometrica, 87 (3): 741-835.

CALIENDO L, PARRO F, 2015. Estimates of the trade and welfare effects of NAFTA [J]. Review of economic studies, 82 (1): 1-44.

CARD D, 2009. Immigration and inequality [J]. American economic review, 99 (2): 1-21.

CARD D, LEMIEUX T, 2001. Can falling supply explain the rising return to college for younger men? a cohort-based analysis [J]. Quarterly journal of economics, 116 (2): 705-746.

CENGIZ D, DUBE A, LINDNER A, et al, 2019. The effect of minimum wages on low-wage jobs [J]. Quarterly journal of economics, 134 (3): 1405-1454.

CHEN B, YU M, YU Z, 2017. Measured skill premia and input trade liberalization: Evidence from Chinese firms [J]. Journal of international economics (109): 31-42.

CHIQUIAR D, HANSON G H, 2005. International migration, self-selection, and the distribution of wages: evidence from Mexico and the United States [J]. Journal of political economy, 113 (2): 239-281.

CLEMENS J, 2021. How do firms respond to minimum wage increases? understanding the relevance of non-employment margins [J]. Journal of economic perspectives, 35 (1): 51-72.

CLEMENS J, KAHN L B, MEER J, 2021. Dropouts need not apply? the minimum wage and skill upgrading [J]. Journal of labor economics, 39 (S1): S107-S149.

COEN - PIRANI D, 2021. Geographic mobility and redistribution [J], International Economic Review, 62 (3): 921-952.

COLAS M, HUTCHINSON K, 2021. Heterogeneous workers and federal income taxes in a spatial equilibrium [J]. American economic journal: economic policy, 13 (2): 100-134.

COMBES P P, DURANTON G, GOBILLON L, 2008. Spatial wage disparities: sorting matters! [J]. Journal of urban economics, 63 (2): 723-742.

COMBES P P, DURANTON L G, 2012. Sorting and local wage and skill distributions in France [J]. Regional science and urban economics, 42 (6): 913-930.

COMBES P P, DÉMURGER S, LI S, et al, 2020. Unequal migration and urbanisation gains in China [J], Journal of Development Economics, 142: 102328.

COSTA D L, KAHN M E, 2000. Power couples: changes in the locational choice of the college educated, 1940-1990 [J]. Quarterly journal of economics, 115 (4): 1287-1315.

COSTINOT A, VOGEL J, 2015. Beyond ricardo: assignment models in international trade [J]. Annual review of economics, 7 (1): 31-62.

DAHL G B, 2002. Mobility and the return to education: testing a roy model with multiple markets [J]. Econometrica, 70 (6): 2367-2420.

DAVIS D R, DINGEL J I, 2019. A spatial knowledge economy [J]. American economic review, 109 (1): 153-170.

DAVIS D R, DINGEL J I, 2020. The comparative advantage of cities [J].

Journal of international economics (123): 103291.

DIAMOND R, 2016. The determinants and welfare implications of US workers' diverging location choices by skill: 1980-2000 [J]. American economic review, 106 (3): 479-524.

DIAMOND R, GAUBERT C, 2022. Spatial sorting and inequality [J]. Annual review of economics, 14 (1): 795-819.

DINGEL J I, MISCIO A, DAVIS D R, 2019. Cities, lights, and skills in developing economies [J]. Journal of urban economics (125): 103174.

DIX-CARNEIRO R, KOVAK B K , 2017. Trade liberalization and regional dynamics [J]. American economic review, 107 (10): 2908-2946.

DIXIT A K, STIGLITZ J E , 1977. Monopolistic competition and optimum product diversity [J]. American economic review, 67 (3): 297-308.

DURANTON G, PUGA D , 2004. Micro-foundations of urban agglomeration economies [A] //HENDERSON J V, THISSE J-F . Handbook of Regional and Urban Economics . Elsevier.

EATON J, KORTUM S, 2002. Technology, Geography, and Trade [J]. Econometrica, 70 (5): 1741-1779.

EECKHOUT J, PINHEIRO R, SCHMIDHEINY K , 2014. Spatial sorting [J]. Journal of political economy, 122 (3): 554-620.

EPIFANI P, GANCIA G, 2008. The skill bias of world trade [J]. Economic journal, 118 (530): 927-960.

EPPLE D, ROMER T, 1991. Mobility and redistribution [J]. Journal of political economy, 99 (4): 828-858.

ETHIER W J, 1982. National and international returns to scale in the modern theory of international trade [J]. American economic review, 72 (3): 389-405.

FAJGELBAUM P D, MORALES E, SUÁREZ SERRATO J C, et al, 2019. State taxes and spatial misallocation [J]. Review of economic studies, 86 (1): 333-376.

FAN H, LIN F, LIN S, 2020. The hidden cost of trade liberalization: Input tariff shocks and worker health in China [J]. Journal of international economics (126): 103349.

FAN J, 2019. Internal geography, labor mobility, and the distributional impacts of trade [J]. American economic journal: macroeconomics, 11 (3): 252-288.

FANG M, HUANG Z, 2022. Migration, housing constraints, and inequality: a quantitative analysis of China [J]. Labour economics (78): 102200.

FERNÁNDEZ M, MESSINA J, 2018. Skill premium, labor supply, and changes in the structure of wages in Latin America [J]. Journal of development economics (135): 555-573.

FERNÁNDEZ-HUERTAS MORAGA J, 2011. New evidence on emigrant selection [J]. Review of economics and statistics, 93 (1): 72-96.

FIELER A C, ESLAVA M, XU D Y, 2018. Trade, quality upgrading, and input linkages: theory and evidence from Colombia [J]. American economic review, 108 (1): 109-146.

FU S, 2007. Smart café cities: testing human capital externalities in the Boston metropolitan area [J]. Journal of urban economics, 61 (1): 86-111.

GANONG P, SHOAG D, 2017. Why has regional income convergence in the U. S. declined? [J]. Journal of Urban Economics (102): 76-90.

GIANNONE E, 2017. Skill-Biased technical change and regional convergence [R]. Society for Economic Dynamics 2017 Meeting Papers.

GLAESER E L, MARÉ D C , 2001. Cities and Skills [J]. Journal of labor economics, 19 (2): 316-342.

GLAESER E L, SAIZ A , 2003. The rise of the skilled city [R]. NBER Working Paper.

GLAESER E L, SCHEINKMAN J, SHLEIFER A, 1995. Economic growth in a cross-section of cities [J]. Journal of monetary economics, 36 (1): 117-143.

GLAESER E L, SHAPIRO J M , 2003. Urban growth in the 1990s: is city living back? [J]. Journal of regional science, 43 (1): 139-165.

GLAESER E, LU M , 2018. Human-capital externalities in China [R]. NBER Working Paper.

GOLDBERG P K, KHANDELWAL A K, PAVCNIK N, et al, 2010. Imported intermediate inputs and domestic product growth: evidence from India

[J]. Quarterly journal of economics, 125 (4): 1727-1767.

GOLDBERG P K, PAVCNIK N, 2007. Distributional effects of globalization in developing countries [J]. Journal of economic literature, 45 (1): 39-82.

GOLDSMITH-PINKHAM P, SORKIN I, SWIFT H, 2020. Bartik instruments: what, when, why, and how [J]. American economic review, 110 (8): 2586-2624.

GONZÁLEZ J Q, 2021. Import competition, regional divergence, and the rise of the skilled city [R]. Banco de Espana Working Paper.

GOPALAN R, HAMILTON B H, KALDA A, et al., 2021. State minimum wages, employment, and wage spillovers: evidence from administrative payroll data [J]. Journal of labor economics, 39 (3): 673-707.

GREENLAND A, LOPRESTI J, MCHENRY P, 2019. Import competition and internal migration [J]. Review of economics and statistics, 101 (1): 44-59.

HALPERN L, KOREN M, SZEIDL A, 2015. Imported inputs and productivity [J]. American economic review, 105 (12): 3660-3703.

HAN J, LIU R, ZHANG J, 2012. Globalization and wage inequality: evidence from urban China [J]. Journal of international economics, 87 (2): 288-297.

HAN J, LIU R, URAL MARCHAND B, et al, 2016. Market structure, imperfect tariff pass-through, and household welfare in Urban China [J], Journal of International Economics, 100: 220-232.

HANSON G H, MATALONI R J, SLAUGHTER M J, 2003. Vertical specialization in multinational firms [R]. NBER Working Paper.

HARRIGAN J, RESHEF A, TOUBAL F, 2021. Techies, trade, and skill-biased productivity [R]. NBER Working Paper.

HARRIS J R, TODARO M P, 1970. Migration, unemployment and development: a two-sector analysis [J]. American economic review, 60 (1): 126-142.

HAU H, HUANG Y, WANG G, 2020. Firm response to competitive shocks: evidence from China's minimum wage policy [J]. Review of economic studies, 87 (6): 2639-2671.

HENDRICKS L, SCHOELLMAN T, 2023. Skilled labor productivity and cross-country income differences [J]. American economic journal: macroeconomics, 15 (1): 240-268.

HSIEH C-T, HURST E, JONES C I, et al, 2019. The allocation of talent and U. S. economic growth [J]. Econometrica, 87 (5): 1439-1474.

HSIEH C-T, KLENOW P J, 2009. Misallocation and manufacturing TFP in China and India [J]. Quarterly journal of economics, 124 (4): 1403-1448.

HUNT G L, MUELLER R E, 2004. North American migration: returns to skill, border effects, and mobility costs [J]. Review of economics and statistics, 86 (4): 988-1007.

IRANZO S, PERI G, 2009. Migration and trade: theory with an application to the Eastern-Western European integration [J]. Journal of international economics, 79 (1): 1-19.

JACOBS J, 1969. The economy of cities [M]. New York: Vintage Books.

JERBASHIAN V, 2021. Trade in information technologies and changes in the demand for occupations [J]. China Economic Review, 67: 101603.

JOHNSON R C, NOGUERA G, 2012. Accounting for intermediates: production sharing and trade in value added [J]. Journal of international economics, 86 (2): 224-236.

JORGENSON D W, 1961. The development of a dual economy [J]. Economic journal, 71 (282): 309-334.

JORGENSON D W, FRAUMENI B M, 1989. The accumulation of human and nonhuman capital, 1948-84 [C] //LIPSEY R E, TICE H S. The measurement of saving, investment, and wealth . Chicago: University of Chicago Press.

JORGENSON D W, FRAUMENI B M, 1992. The output of the education sector [C] //GRILICHES Z. Output Measurement in the Service Sectors . Chicago: University of Chicago Press.

KASAHARA H, LIANG Y, RODRIGUE J, 2016. Does importing intermediates increase the demand for skilled workers? Plant-level evidence from Indonesia [J]. Journal of international economics (102): 242-261.

KATZ L F, AUTOR D H, 1999. Changes in the wage structure and earnings inequality [C] //ASHENFELTER O C, CARD D. Handbook of Labor Economics.

KATZ L F, MURPHY K M , 1992. Changes in relative wages, 1963 - 1987: supply and demand factors [J]. Quarterly journal of economics, 107 (1): 35-78.

KENDRICK J W, 1976. The formation and stocks of total capital [M]. New York: National Bureau of Economic Research.

KHANNA G, LIANG W, MOBARAK A M, et al, 2021. The productivity consequences of pollution - induced migration in China [R]. NBER Working Paper.

KIYOTA K, KUROKAWA Y, 2019. Intermediate goods-skill complementarity [R]. Keio-IES Discussion Paper Series.

KLEINMAN B, LIU E, REDDING S J, 2021. Dynamic spatial general equilibrium [R]. NBER Working Paper.

KLEVEN H J, LANDAIS C, SAEZ E, et al, 2014. Migration and wage effects of taxing top earners: evidence from the foreigners' tax scheme in Denmark [J]. Quarterly journal of economics, 129 (1): 333-378.

KLINE P, MORETTI E, 2014. People, places, and public policy: some simple welfare economics of local economic development programs [J]. Annual review of economics, 6 (1): 629-662.

KOVAK B K, 2013. Regional effects of trade reform: what is the correct measure of liberalization? [J]. American economic review, 103 (5): 1960-1976.

KRUGMAN P, 1991. Increasing returns and economic geography [J]. Journal of political economy, 99 (3): 483-499.

KRUGMAN P, VENABLES A J, 1995. Globalization and the inequality of nations [J]. Quarterly journal of economics, 110 (4): 857-880.

KRUGMAN P, ELIZONDO R L, 1996. Trade policy and the third world metropolis [J]. Journal of development economics, 49 (1): 137-150.

KU H, 2022. Does Minimum wage increase labor productivity? evidence from piece rate workers [J]. Journal of labor economics, 40 (2): 325-359.

LEE E S, 1966. A theory of migration [J]. Demography, 3 (1): 47-57.

LEONTIEF W, 1991. The economy as a circular flow [J]. Structural change and economic dynamics, 2 (1): 181-212.

LEWIS W A, 1954. Economic development with unlimited supplies of labour [J]. Manchester school, 22 (2): 139-191.

LI B, 2018. Export expansion, skill acquisition and industry specialization: evidence from China [J]. Journal of international economics (114): 346-361.

LI L, 2020. Skill-biased imports, human capital accumulation, and the allocation of talent [R]. CRC TR 224 Discussion Paper Series.

LISE J, POSTEL-VINAY F, 2020. Multidimensional skills, sorting, and human capital accumulation [J]. American economic review, 110 (8): 2328-2376.

LUCAS R E, 2001. Externalities and cities [J]. Review of economic dynamics, 4 (2): 245-274.

Lucas R E. On the mechanics of economic development [J], Journal of Monetary Economics, 1988, 22 (1): 3-42.

MANASSE P, TURRINI A, 2001. Trade, wages, and 'superstars' [J]. Journal of international economics, 54 (1): 97-117.

MANKIW N G, ROMER D, WEIL D N, 1992. A contribution to the empirics of economic growth [J]. Quarterly journal of economics, 107 (2): 407-437.

MARSHALL A, 1890. Principles of economics [M]. London: Macmillan.

MAYNERIS F, PONCET S, ZHANG T, 2018. Improving or disappearing: firm-level adjustments to minimum wages in China [J], Journal of Development Economics (135): 20-42.

MCCAIG B, 2011. Exporting out of poverty: provincial poverty in Vietnam and U. S. market access [J]. Journal of international economics, 85 (1): 102-113.

MCFADDEN D, 1973. Conditional logit analysis of qualitative choice behavior [C] //ZAREMBKA P . Frontiers in Econometrics. New York: Academic Press.

MCKENZIE D, RAPOPORT H, 2010. Self-selection patterns in Mexico-U. S. migration: the role of migration network [J]. Review of economics and statistics, 92 (4): 811-821.

MELITZ M J, 2003. The impact of trade on intra-industry reallocations and aggregate industry productivity [J]. Econometrica, 71 (6): 1695-1725.

MICHAELS G, 2008. The effect of trade on the demand for skill: evidence from the interstate highway system [J]. Review of economics and statistics, 90 (4): 683-701.

MICHAELS G, NATRAJ A, VAN REENEN J, 2014. Has ICT polarized skill demand? evidence from eleven countries over twenty-five years [J]. Review of economics and statistics, 96 (1): 60-77.

MIYAGIWA K, 1991. Scale economies in education and the brain drain problem [J]. International economic review, 32 (3): 743759.

MONRAS J, 2019. Minimum wages and spatial equilibrium: theory and evidence [J]. Journal of labor economics, 37 (3): 853-904.

MONTE F, REDDING S J, ROSSI-HANSBERG E, 2018. Commuting, migration, and local employment elasticities [J]. American economic review, 108 (12): 3855-3890.

MORETTI E, 2004a. Estimating the social return to higher education: evidence from longitudinal and repeated cross-sectional data [J]. Journal of econometrics, 121 (1-2): 175-212.

MORETTI E, 2004b. Human capital externalities in cities [C] //HENDERSON J V, THISSE J-F. Handbook of regional and urban economics . Elsevier

MORETTI E, 2011. Local labor markets [C] //ASHENFELTER O C, CARD D. Handbook of labor economics.

MORETTI E, 2012. The new geography of jobs [M]. New York: Houghton Mifflin Harcourt.

MORETTI E, 2013. Real wage inequality [J]. American economic journal: applied economics, 5 (1): 65-103.

MORETTI E, WILSON D J, 2017. The effect of state taxes on the geographical location of top earners: evidence from star scientists [J]. American economic review, 107 (7): 1858-1903.

NAGY D K, 2022. Trade and urbanization: evidence fromHungary [J]. American economic journal: microeconomics, 14 (3): 733-790.

NOTOWIDIGDO M J, 2020. The incidence of local labor demand shocks [J]. Journal of labor economics, 38 (3): 687-725.

OTTAVIANO G I P, 2011. "New" new economic geography: firm heterogeneity and agglomeration economies [J]. Journal of economic geography, 11 (2): 231-240.

OTTAVIANO G, TABUCHI T, THISSE J-F, 2002. Agglomeration and trade revisited [J]. International economic review, 43 (2): 409-435.

PARRO F, 2013. Capital-skill complementarity and the skill premium in a quantitative model of trade [J]. American economic journal: macroeconomics, 5 (2): 72-117.

PAVCNIK N, 2002. Trade liberalization, exit, and productivity improvements: evidence from Chilean plants [J]. Review of economic studies, 69 (1): 245-276.

PETTY W, 1690. Political arithmetick [M]. Cambridge: Cambridge University Press.

PIYAPROMDEE S, 2021. The impact of immigration on wages, internal migration, and welfare [J]. Review of economic studies, 88 (1): 406-453.

PONCZEK V, ULYSSEA G, 2022. Enforcement of labour regulation and the labour market effects of trade: evidence from Brazil [J]. Economic journal, 132 (641): 361-390.

RANIS G, FEI J C H, 1961. A theory of economic development [J]. American economic review, 51 (4): 533-565.

RAVEH O, RESHEF A, 2016. Capital imports composition, complementarities, and the skill premium in developing countries [J]. Journal of development economics, 118: 183-206.

RAVENSTEIN E G, 1889. The laws of migration [J]. Journal of the royal statistical society, 52 (2): 241-305.

REDDING S J, 2016. Goods trade, factor mobility and welfare [J]. Journal of international economics (101): 148-167.

REDDING S J, ROSSI-HANSBERG E, 2017. Quantitative spatial economics [J]. Annual review of economics (9): 21-58.

RICARD D, 1817. On the principles of political economy and taxation

[M]. London: John Murray Press.

ROBACK J, 1982. Wages, rents, and the quality of life [J]. Journal of political economy, 90 (6): 1257-1278.

ROSEN S, 1979. Wage-based indexes of urban quality of life [C] // MIESZKOWSI P, STARATZHEIM M. Current issues in urban economics. Baltimore: John Hopkins Press.

ROY A D, 1951. Some thoughts on the distribution of earnings [J]. Oxford economic papers, 3 (2): 135-146.

RUBINTON H, 2021. The Geography of business dynamism and skill-biased technical change [R]. FRB St. Louis Working Paper.

SACHS D, TSYVINSKI A, WERQUIN N, 2020. Nonlinear tax incidence and optimal taxation in general equilibrium [J]. Econometrica, 88 (2): 469-493.

SAEZ E, 2001. Using elasticities to derive optimal income tax rates [J]. Review of economic studies, 68 (1): 205-229.

SAIZ A, 2010. the geographic determinants of housing supply [J]. Quarterly journal of economics, 125 (3): 1253-1296.

SANTOS SILVA J M C, TENREYRO S, 2006. The log of gravity [J]. Review of economics and statistics, 88 (4): 641-658.

SCHULTZ T W, 1959. Investment in man: an economist's view [J]. Social service review, 33 (2): 109-117.

SCHULTZ T W, 1961. Investment in human capital [J]. American economic review, 51 (1): 1-17.

SCHUMPETER J, 1942. Capitalism, socialism and democracy [M]. New York: Harper & Brothers.

SHAPIRO J M, 2006. Smart cities: quality of life, productivity, and the growth effects of human capital [J]. Review of economics and statistics, 88 (2): 324-335.

SHIFA A B, XIAO W, 2023. Urban bias, migration control and rural land policy: the case of Hukou in China [J]. Journal of economic geography, 23 (2): 251-274.

SIMON C J, 1998. Human capital and metropolitan employment growth

[J]. Journal of urban economics, 43 (2): 223-243.

SJAASTAD L A, 1962. The costs and returns of human migration [J]. Journal of political economy, 70 (5, Part 2): 80-93.

SMITH A, 1776. An inquiry into the nature and causes of the Wealth of Nations [M]. London: W. Strahan and T. Cadell.

SONG Y, 2014. What should economists know about the current Chinese Hukou system? [J]. China economic review (29): 200-212.

TABELLINI M, 2020. Gifts of the immigrants, woes of the natives: lessons from the age of mass migration [J]. Review of economic studies, 87 (1): 454-486.

TIMMER M P, DIETZENBACHER E, LOS B, et al, 2015. An illustrated user guide to the world input-output database: the case of global automotive production [J]. Review of international economics, 23 (3): 575-605.

TODARO M P, 1969. A model of labor migration and urban unemployment in less developed countries [J]. American economic review, 59 (1): 138-148.

TOMBE T, 2015. The missing food problem: trade, agriculture, and international productivity differences [J]. American economic journal: macroeconomics, 7 (3): 226-258.

TOMBE T, ZHU X, 2019. Trade, migration, and productivity: a quantitative analysis of China [J]. American economic review, 109 (5): 1843-1872.

TOPALOVA P, 2010. Factor immobility and regional impacts of trade liberalization: evidence on poverty from India [J]. American economic journal: applied economics, 2 (4): 1-41.

VENABLES A J, 2010. Productivity in cities: self-selection and sorting [J]. Journal of economic geography, 11 (2): 241-251.

ZI Y, 2016. Trade liberalization and the great labor reallocation [R]. IHEID working paper.